DEUXIÈME RÉIMPRESSION DE

LA PREMIÈRE PUBLICATION

DU

POPULAIRE.

PROCÈS

DU

PROPAGATEUR DU PAS-DE-CALAIS,

JOURNAL RÉPUBLICAIN

Acquitté par la Cour d'assises de St-Omer.

Contenant la défense complète du Citoyen Degeorge et la
plaidoirie de Mᵉ Ledru.

Troisième Édition.

In-8 de 48 pages. — Prix : 5 sous.

AU BUREAU DU JOURNAL,

25, RUE NEUVE-SAINT-AUGUSTIN.

1833.

COUR D'ASSISES DE SAINT-OMER.

AFFAIRE

DU

PROPAGATEUR DU PAS-DE-CALAIS.

AUDIENCE DU 24 AOUT 1833.

PRÉSIDENCE DE M. DELPOUVE.

PREMIÈRE AFFAIRE.

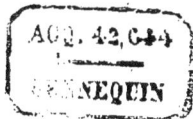

CINQ ARTICLES INCRIMINÉS.

Accusation d'offenses envers la personne du roi; — d'excitation à la haine et au mépris de son gouvernement ; — d'attaque contre l'inviolabilité de la personne du roi ; — de provocation au mépris et à la haine des citoyens contre les magistrats.

Dès huit heures du matin, le mouvement extraordinaire qui existe au palais de justice, annonce que les intérêts qui doivent s'y débattre préoccupent toutes les classes de la société. A peine la salle d'audience est ouverte, que la tribune est remplie de femmes élégantes, tant de la ville que des lieux circonvoisins. Les militaires de tous grades , que l'existence du camp rend encore plus nombreux, se font remarquer dans toutes les parties de la salle; on aperçoit aussi des avocats et des citoyens des villes de Dunkerque, Lille, Montreuil, Arras, Lillers, Boulogne; tout le monde se place, se presse, et s'entretient du vif intérêt que provoque la discussion qui va s'ouvrir; on entend tour à tour sortir de toutes les bouches les noms de MM. Dupont et Ledru, défenseurs, Degeorge, accusé, Sénéca, accusateur.

Enfin, à neuf heures un quart, la cour prend séance. M. le président Delpouve est accompagné de MM. Dequeser et Wattringue.

Après les neuf récusations exercées par l'accusateur, et celles exercées par l'accusé , le jury se compose de Messieurs :

Hennequier, propriétaire à Montreuil ;

Herman , officier en retraite à Trois-Vaux ;

Pronier, notaire à Lillers;

Léger, propriétaire à Brébières;

Corne, notaire à Frévent;

Brassart, cultivateur à Fléchin ;

De Baillancourt, dit Courcol, propriétaire à Méricourt;

Lachelin , brasseur à Aire;

Marquis d'Armolis, propriétaire à Arras ;

Reboulh de Veyrac, propriétaire à Arras;

Deroussent-Duprey, propriétaire à Montreuil;

Sueur, officier de santé à Campagne-lès-Hesdin.

Le greffier donne lecture de l'acte d'accusation, dans lequel sont reproduits les articles incriminés. Voici les passages qui servent plus spécialement de base au procès :

LE GOUVERNEMENT ACTUEL A-T-IL DE LA DURÉE ?

. . . .

Quel était, après la victoire des trois jours, le gouvernement qui pouvait convenir le mieux à la France, amener le plus facilement le bien-être du peuple, et assurer les libertés de la nation? Celui-là même dont Louis-Philippe avait juré de doter le pays; qu'il avait décoré du nom de monarchie républicaine; ce gouvernement à bon marché, mélange de république et de monarchie qui, loyalement accepté et rempli, eût satisfait les hommes des deux camps. Les partisans de la monarchie y trouvant un roi, une cour et toute la stabilité et les faveurs qui en sont la suite, devaient se rattacher à lui. Les républicains y voyant une chambre élective, représentant la nation, défendant ses droits et demandant des institutions que la marche du temps rend nécessaires, n'auraient pu vouloir s'en éloigner. Cette espèce de transaction faite entre les deux nuances de l'opinion libérale en France, promettait au pays une source d'améliorations que rien ne fût venu interrompre ni troubler.

C'était là l'espoir de Lafayette, quand il consentit à ce que Louis-Philippe fût improvisé roi des Français. Ce fut la pensée des patriotes quand ils laissèrent élever un nouveau trône sur les débris de celui que le peuple venait de renverser de ses puissantes mains. Mais Lafayette et les patriotes ne furent pas long-temps à s'apercevoir que les promesses de roi ne sont ni inviolables, ni sacrées; que les intérêts de la monarchie républicaine qu'on leur avait promise, étaient opposés et inconciliables avec les projets et les vues de la dynastie royale qu'on venait de fonder.

. . . .

En voyant la marche tortueuse du pouvoir, ses infidélités flagrantes aux promesses données, ses violations monstrueuses de la charte qu'il avait jurée ; en songeant à ces fournées illégales de pairs, à ces destitutions arbitraires de députés, à ces persécutions scandaleuses contre la presse, à cette loi insolente sur l'état de siége ; en présence de la misère du peuple, du délaissement des patriotes et de l'audace grandissante des ennemis qu'ils avaient vaincus, l'opinion publique s'est soulevée, et les républicains qui, après juillet, s'étaient ralliés au pouvoir nouveau, s'en détachèrent, appelant à eux toute la partie vivace, énergique et mécontente de la nation.

. . . .

Les griefs des patriotes sont fondés quand ils accusent le pouvoir d'incapacité ou de mauvais vouloir pour la révolution de juillet.

La monarchie-républicaine, promise par Louis-Philippe, le 31 juillet 1830, gouvernement à la fois bon marché et progressif, pouvait suffire à nos besoins, mais il nous était nécessaire : y revenir loyalement peut sauver la dynastie nouvelle ; y renoncer est impossible aux Français.

Car tout ce qu'il y a dans la nation de cœurs généreux, de nobles courages, d'amis de la révolution de juillet, d'adversaires de l'aristocratie féodale et de la royauté de droit divin, préférerait affronter un nouveau combat de trois jours que de souffrir un gouvernement rétrograde, menteur à son origine, sans gloire pour la France, onéreux au pays ; et qui, s'il n'était arrêté dans sa marche, nous ramènerait avant peu aux hommes et aux principes de la dynastie que nous avons chassée.

L'ACQUITTEMENT DE M. CABET EST UN ACTE D'ACCUSATION CONTRE LE POUVOIR.

. . . .

Tenez mieux vos sermens que Charles X. Louis-Philippe les a-t-il mieux tenus ? Avons-nous les institutions républicaines qu'on nous avait promises, le gouvernement à bon marché auquel on s'était engagé ? Les délits de la presse ont-ils disparu ? La charte est-elle une vérité ? Non ! M. Cabet dit, et le jury n'a pas blâmé les paroles sévères du courageux député : « Après deux ans de règne, Louis-Philippe a déchiré la charte aussi manifestement que Charles X, et bien plus manifestement même ; car il l'a déchirée après la révolution, après les imprécations de la France entière contre le parjure de son prédécesseur, après l'expulsion du roi coupable et la condamnation de ses ministres, après l'introduction dans la charte de dispositions destinées à prévenir de telles violations, après une victoire et sans aucun prétexte de nécessité, quand rien ne pouvait servir d'excuse, quand tout signalait la mise en état de siége comme un criminel renversement de la constitution et des lois, et les ordonnances de juin comme plus inexcusables et plus odieuses que celles du 25 juillet.... Comme Louis XVI ; comme Louis XVIII ; comme Charles X, ajoute M. Cabet, Louis-Philippe fait aujourd'hui partie de la sainte-alliance, redoutant la liberté autant peut-être que les autres rois, ou sacrifiant tout à la crainte de la guerre ; il coopère avec eux à l'oppression de l'Europe. » Ces accusations sont foudroyantes, et le jury les a tenues pour bien dites ! Ce ne sont pas les ministres qu'elles atteignent, mais le roi lui-même ; et on est contraint de croire qu'elles frappent le vrai coupable, puisque M. Cabet a pu hautement proclamer en citant des faits, des actes, les paroles mêmes de Louis-Philippe ; « Que le système suivi depuis le 1ᵉʳ août est le système personnel du roi... qu'il n'y a pas de ministres, qu'un seul homme gouverne. » Le roi des barricades trahir ainsi ses sermens ; ramener la France au système de la restauration ! cela est-il bien possible ? Nous voudrions pouvoir en douter, mais le courageux député de la Côte-d'Or, en accumulant les faits d'ingratitude, d'aristocratie, de corruption, de dissimulation, de tromperies, de mensonges, de calomnies, de violence, d'illégalité et d'arbitraire qu'il reproche au pouvoir, ne nous laisse pas la possibilité du doute. Ces faits rendent vils et haïssables ceux qui les ont commis ; ils arrachent de la poitrine de tout sincère ami de la patrie ce cri accusateur que, sans le condamner, le jury a écouté : « Et c'est là ce qu'on appelle la révolution de juillet, les institutions de juillet, le roi de juillet ou des barricades ? Non, non, c'est la contre-révolution de juillet, ce sont les institutions de la restauration, c'est l'élu de 219 députés sans mandat, et de quelques pairs sans pouvoir. » Ajoutons que c'est la violation de toutes les promesses données ; et qu'à un roi qui agit ainsi, qui gouverne au lieu de régner, il faut une responsabilité, que M. Cabet a bien fait d'annoncer.

DE L'INVIOLABILITÉ ROYALE.

. . . .

Oui, nous concevons l'inviolabilité chez un peuple jeune et ignorant, dans un de ces pays où la grandeur royale se cache dans l'obscurité mystérieuse d'un palais, et n'apparaît rarement aux hommes éblouis que sous les attributs de la divinité. Nous concevons l'inviolabilité au Pérou, alors que les Péruviens adoraient dans leurs Incas, les descendans du soleil qui donnait le jour à leurs travaux et la fécondité à leurs campagnes.

Mais dans notre France vieille de deux révolutions dont l'une lui a montré la royauté sur l'échafaud, dont l'autre lui montre la royauté dans l'exil; dans un pays où vit la presse avec ses yeux de lynx que n'arrêtent pas les murs d'un château, avec sa voix retentissante que n'étouffe pas la voix des courtisans, dans un pays où la majesté royale se dépense en bals et en dîners, et descend dans la rue cachée sous un frac de bourgeois, où les hommes ne sont plus estimés pour ce qu'ils sont, mais pour ce qu'ils font, l'inviolabilité nous paraît un mot et pas autre chose. La vénération des peuples aujourd'hui ne peut plus résulter que de l'estime et de l'amour. Elle est tout entière, non plus comme autrefois dans l'ignorance, mais dans la popularité, mot profond et jusqu'ici inconnu. Or, l'inviolabilité qui veut le respect de l'ignorance est incompatible avec la popularité qui appelle le respect de l'estime. Comment un peuple pourrait-il aimer un chef à qui il ne peut pas même attribuer le bonheur dont il jouit? Comment pourrait-il estimer un homme dont la dignité ne paraît à ses yeux qu'une coûteuse superfluité?

Qu'on le remarque bien d'ailleurs, l'inviolabilité ne saurait couvrir que les actes dont les ministres sont responsables.

Ainsi quand Louis XVI demandait aux étrangers l'aumône d'une invasion, quand il excitait secrètement la coalition des émigrés, tandis qu'il faisait afficher dans toutes les rues de Paris des proclamations qui provoquaient le retour de l'émigration, ses lettres secrètes n'étant contre-signées ni par Scipion-Chambonnas ou Terrier-Monteil, ni par Lajarre ou Duranthon, il appelait sur lui seul la responsabilité d'une conduite dont il ne rendait pas ses ministres complices.

Si donc l'armoire de fer n'a jamais existé, si la mort de Louis XVI fut une erreur de la Convention, qu'on plaigne cette assemblée; si l'erreur fut volontaire, qu'on la condamne; mais seulement pour avoir fait périr un innocent, et non pour avoir violé la constitution de l'état.

Car, qui oserait dire qu'un second François Ier pourrait aller impunément dépenser en Italie, l'or, le sang et l'honneur de la France, pour revoir une maîtresse? Qu'un autre Henri III pourrait faire lâchement assassiner un autre duc de Guise? Et qu'un roi pourrait se mettre un beau jour à une fenêtre du Louvre pour essayer sur ses amés et féaux sujets l'arquebuse de Charles IX?

Ainsi donc, si le roi est inviolable, l'homme ne l'est pas. Or, la réalité, l'utilité de cette distinction pourra bien être comprise par quelques publicistes, mais elle échappera à la masse de la nation qui ne respectera jamais comme roi celui qu'elle aurait à mépriser comme individu.

NÉCESSITÉ DE RÉFORMER LES LOIS PÉNALES.

Les lois iniques, plus iniquement exécutées, ont jeté de profondes racines dans nos habitudes judiciaires. C'est chose convenue : le pouvoir ne saurait jamais avoir tort ; la magistrature peut légitimement le soutenir. Ce principe établi , on dénie justice aux particuliers pour les moindres convenances d'un haut fonctionnaire. Ainsi , d'après l'article 75 d'une constitution abolie , la plupart des agens du gouvernement sont inviolables , parce que tel est le bon plaisir d'un conseil-d'état sans existence légale, impatronisé dans nos institutions nouvelles par la seule lâcheté du corps judiciaire. Garantir fortement le pouvoir contre les citoyens , le prémunir contre l'action régulière de toutes les libertés , sera un devoir sacré pour nos juges. N'allez pas leur parler de protéger les citoyens contre l'action immodérée du pouvoir, alors ils ne vous comprendraient pas. Faut-il s'en étonner ? Les chambres n'ont-elles pas donné au pouvoir le droit de statuer sans procès, après quelques sommations , après quelques roulemens de tambour ?

Voilà seulement quelques-unes des aménités de cet ordre légal, dont on feint de regarder l'observation comme le seul devoir social. La loi n'est plus un bouclier, c'est une arme offensive ; les gens du pouvoir la disent leur propriété, ils la trichent , ils la violent , ils la prostituent , ils l'exploitent en tous sens. Pour eux, elle est un moyen d'avancement, une voie à la fortune. Aussi, quoi de plus dangereux pour le prévenu que ces chambres d'accusation , analysant, dans les procédures, comme précédent à suivre , les moyens employés autrefois pour assassiner Tolleron , pour martyriser Bories !

Rien de plus naturel que la complaisance de la magistrature aux lois du pouvoir , ait été violemment attaquée. Chacun ne comprend que trop la dégradation de l'autorité judiciaire et l'incompatibilité qui existe entre notre législation et nos mœurs. On s'est contenté de futiles modifications, et du baptême d'un serment nouveau. Un conseiller à la cour royale ne disait-il pas dernièrement : « De quoi se plaint-on , quand on déclame contre la magistrature ? Ne remplissons-nous pas notre devoir en appuyant le pouvoir établi ? Nous aurions demain la république, que nous lui prêterions également notre appui ; ne faut-il pas que force reste à la loi ? »

ILS VOULAIENT DE L'ENTHOUSIASME , ILS OBTIENNENT DE LA FROIDEUR.

L'horizon politique se rembrunit de jour en jour, et l'on demande au peuple de la joie, et on l'appelle à célébrer une fête. — A l'Orient, un sourd murmure se fait entendre. A la honte de la France , l'aigle russe flotte autour du palais du sultan. — Sur le Mein, le besoin d'échapper à la tyrannie des rois absolus, arme les patriotes allemands ; et l'Autriche et la Prusse viennent, à la baïonnette, défendre leurs priviléges qu'elles ne sont pas certaines de conserver.

La France mécontente de l'odieux système qui l'empêche d'embrasser la cause des peuples libres, ou qui veulent le devenir, est loin d'être rassurée par le discours pâle et prévu de la couronne , et au milieu des sombres pressentimens qui préoccupent tous les esprits, comme pour les préparer à de grands événemens, nous sommes arrivés sans enthousiasme au 1er mai, à la fête du prince-citoyen, qui, il y a tantôt trois ans, s'avançait vers le trône populaire, appuyé sur le bras du libérateur de l'Amérique , à qui il promettait des institutions républicaines pour le peuple qui le faisait roi.

Qui aurait pensé alors, qu'après avoir brisé ses fers d'esclave, et renversé dans la poussière la dynastie de ses tyrans, le peuple aurait si peu joui de son triomphe? Se serait-on imaginé que la liberté, qui apparut au monde et si belle et si pure, et qui ébranla tous les trônes européens, aurait été méconnue et traitée comme une visionnaire?

Nous étions forts alors; enthousiastes de Louis-Philippe et de la liberté, nous pouvions tout; car nous étions unis, car la jeune France avait au cœur une force morale capable de tout entreprendre et de protéger même les peuples qui, à notre imitation, auraient essayé de conquérir leurs droits.

Il ne nous fallait qu'une main assez ferme pour tenir la lourde épée des combats, pour trancher le nœud gordien des protocoles, et faire respecter dans toute l'Europe notre souveraineté nationale, maintenant prostituée.

Pauvre France! Pouvais-tu croire qu'au troisième anniversaire de la fête de ton roi tu porterais au front l'empreinte des éperons du despote moscovite, que l'Italie te devrait ses chaînes et la Pologne son tombeau!

Confians dans le prince qui avait dit, le matin encore du 1er août, à Mauguin et à vingt autres, qu'il était républicain, que la constitution si démocratique des Etats-Unis était la plus parfaite à ses yeux, les patriotes pouvaient-ils prévoir qu'à Dupont (de l'Eure), Laffitte et Lafayette seraient substitués des hommes voués de principes à la royauté pure, attachés à l'aristocratie?

Et ces mêmes hommes assurent avoir rempli et au-delà les promesses de juillet, satisfait aux vœux et aux besoins du pays! ils réclament le respect et l'amour du peuple.... Ils l'ont vu avant-hier; où était l'allégresse? Le silence du peuple est la leçon des rois. Croyaient-ils donc, ceux qui nous prescrivaient l'enthousiasme, au jour de la fête de leur maître, que nous avions oublié leurs œuvres; que nous sommes devenus tout à coup indifférens au système déshonorant, ruineux, qu'ils font peser sur la France depuis trois ans? Pensent-ils que nous ne nous rappelons pas encore les noyades du Pont-d'Arcole, les prisons remplies, les mitraillades, les majorités serviles, les ridicules conspirations, l'état de siége, les haltes dans la boue, les victoires gratuites réglées par le programme des saints-alliés! Non, jamais les Bourbons, avec leurs haines brutales et leurs hypocrites turpitudes, n'ont osé porter si loin leur audace; et l'on ne veut pas que la dépopularité succède à la confiance, la désaffection et le dégoût à l'admiration et au dévoûment?

Ils sont donc bien absurdes ces hommes qui sont prêts à traiter comme conspirateurs ceux qui n'approuvent pas de tels actes, qui n'ont pas de la joie, des illuminations, des vivats et des chants pour célébrer le 1er mai! Ne faudrait-il pas, selon eux, élever des autels aux violateurs de promesses données; forcer le courage à encenser la lâcheté; ne faudrait-il pas les admirer, eux, qui délaissent Laffitte, qui ont calomnié Lafayette et violé domicile de Lagrange, que la restauration avait cru inviolable? — Honte à ceux qui n'ont pas eu la pudeur de respecter les saintes lois de l'hospitalité, sacrées même chez les barbares!

Que les hommes à conscience de position, à conviction à tout vent déploient de l'allégresse et de l'enthousiasme de commande; le peuple mécontent a, pour se faire comprendre du pouvoir, son indifférence pour son royal anniversaire; il répond par sa taciturnité, quand on voudrait entendre ses vivats et ses ris.

Un jour, qui ne saurait être loin, la tempête s'élèvera sur l'océan doctrinaire; l'esquif juste-milieu, faisant eau de toutes parts, pourra tenter de revenir à nous; mais alors la mesure du mal aura, sans doute, été comble; nous ne radouberons pas ces petites existences naufragées, nous n'aurons pas d'abri pour ces voiles décousues qui ne s'enflent qu'au vent de la faveur. Nous avons le passé qui nous répond qu'au jour du combat, si nous triomphions, ils chercheraient encore à exploiter notre bonne foi, à gaspiller de nouveau la victoire.

M. Sénéca prend ensuite la parole en ces termes :

Messieurs les jurés,

Instruit par l'expérience, le département s'est montré, dans la dernière révolution, ami de l'ordre et de la paix; cependant les élémens de désordre n'ont pas manqué dans certains lieux. Quelques agitateurs abusent de la magie des mots de patriotisme et de liberté; ils représentent à leurs concitoyens tous les pouvoirs de l'état comme odieux, intolérables, et leurs concitoyens seraient bientôt accusés par eux à trouver toute espèce de gouvernement insupportable; la haine, l'anarchie seraient bientôt le résultat de ces efforts coupables. Rien n'est respecté, les plus saints principes, les doctrines les plus salutaires : ils veulent tout anéantir, tout abimer, pour nous doter de quoi? de leurs idées d'innovation, de leurs théories, et toujours le but de leur thèse est la république, ce fantôme qui nous épouvante avec tant de raison, n'attaquant le gouvernement actuel que pour vanter le gouvernement républicain, et le gouvernement du roi ne peut trouver aucun abri contre leurs réclamations.

M. Degeorge, rédacteur en chef du *Propagateur*, qui s'est constitué l'organe des ennemis du gouvernement du roi, s'est rendu coupable par la voie de son journal de plusieurs délits, que nous devions vous soumettre et que vous condamnerez, car ils sont subversifs de tous les droits que notre gouvernement garantit à toute la société. Les deux premiers articles ont pour but d'exciter à la haine et au mépris du gouvernement, et portent de plus une offense envers la personne du roi.

Les autres ont pour but de porter atteinte à l'inviolabilité royale, et d'exciter au mépris de la magistrature.

Et les deux autres attaquent personnellement la personne du roi.

M. Sénéca relève ici les expressions de chacun des articles incriminés, et les applique à certains faits que, dans son système, il admet comme certains; c'est ainsi qu'il dément le programme de l'Hôtel-de-Ville, et prétend démontrer que le roi à son avènement, n'a pu promettre d'établir une monarchie républicaine, puisque cette association de mots révèle assez l'incompatibilité des principes qu'ils énonceraient, et le roi est trop sage pour avoir promis une chose impossible; et c'est pour ne pas faire ce qui est impossible que le roi et son gouvernement sont en butte aux qualifications les plus outrageantes.

M. Sénéca trouve la plus violente excitation dans cette phrase du deuxième article, qui dit que les citoyens préféreraient plutôt recourir aux armes que de souffrir un gouvernement menteur et anti-national.

En ce qui concerne l'acquittement de M. Cabet, M. Sénéca prétend qu'il n'y a que la malveillance qui ait pu induire la conséquence que tous les faits révélés par lui sont vrais. Le jury n'a acquitté M. Cabet, que parce qu'il a compris qu'en publiant son livre il accomplissait son mandat comme député. Non, le ministère public soutenait, à Paris, que sa *qualité de député* était indifférente ici, et que M. Cabet n'en devait pas moins être condamné. Qu'il n'en résulte pas que toutes les assertions de M. Cabet soient vraies, d'ailleurs elles ne pourraient être, au surplus, que l'expression des opinions de la minorité, et la minorité n'a pas la prétention de soumettre la majorité à ses idées. Ce serait détruire le gouvernement dans son essence. Voyez quelle haine on cherche à exciter contre la personne du roi et son gouvernement. La responsabilité qu'on veut faire tomber sur le roi lui-même est un signal du combat qu'on appelle dans le 1er article, et le 2e article fait assez connaître qu'elle serait la victime désignée si la lutte pouvait recommencer entre la république et le gouvernement établi en juillet.

M. Sénéca fait remarquer que les trois premiers articles constituent principalement les délits politiques qui tendent à exciter à la haine et au mépris du gouvernement du roi. Que le 4e article a pour objet d'attaquer l'inviolabilité du roi, et que le 5e article a pour but de troubler la paix entre les citoyens, en outrageant les magistrats.

Le premier délit ressortant des trois premiers articles lui paraît trop positivement établi pour avoir besoin de plus longs développemens.

Le quatrième article a voulu établir que l'inviolabilité du roi n'est qu'un mot, et M. Sénéca veut prouver que c'est au contraire le dogme le plus conservateur de nos nouvelles institutions.

Et la magistrature, qu'a-t-elle fait pour mériter tous les outrages du *Propagateur* (voyez le 5ᵉ article)? Peut-on l'avilir davantage? et n'est-ce pas porter les citoyens à l'outrager, à la renverser? n'est-ce pas porter le trouble et l'anarchie dans la société?

M. Sénéca termine son réquisitoire en examinant les objections que la défense a déjà invoquée dans différens articles publiés dans le *Propagateur*, et citant différens arrêts, desquels il résulte qu'un article déjà publié par un journal, sans avoir été poursuivi, n'en est pas moins susceptible de mériter une condamnation, et résume toute sa discussion en disant qu'il sera plus facile d'énumérer ce que le rédacteur du *Propagateur* n'a pas attaqué, que de suivre la longue série des principes tutélaires de notre ordre politique qu'il a voulu renverser.

M. Degeorge répond lui-même en ces termes :

Messieurs les jurés,

Comment se fait-il que ceux-là mêmes qui, il y a à peine trois ans, contribuaient à élever un nouveau trône, soient accusés aujourd'hui de républicanisme? Que l'affection pour le nouveau roi ait fait place à la défiance? que l'éloge se soit changé en blâme? que les applaudissemens se soient transformés en cris *à bas les bastilles!* en charivaris et en sifflets?

Répondre avec franchise à ces questions, c'est tracer l'histoire des opinions politiques de la France depuis la révolution de juillet; — c'est rappeler combien de brillantes promesses ont été faites, qui n'ont pas été tenues, — combien de pompeuses espérances ont été données qui ne devaient pas se réaliser; — c'est vous appeler à décider qui est coupable des citoyens qui réclament l'exécution des engagemens solennellement jurés, ou des gouvernans violateurs de leurs paroles, dont l'apparent républicanisme ne fut qu'hypocrisie, dont les poignées de mains ne furent que des pièges tendus à la loyauté du peuple français.

Nous sommes accusés d'attaque contre l'inviolabilité du roi — d'offenses envers sa personne — d'excitation à la haine et au mépris de son gouvernement — de provocation à la haine et au mépris contre les magistrats. Six de nos articles sont incriminés.

On eût pu nous faire intenter six procès différens, et requérant le maximum des peines, demander au jury 25 ans de prison et 45,000 fr. d'amende contre le hardi écrivain qui a osé mal dire du gouvernement de S. M. Louis-Philippe Iᵉʳ. Mais par respect, sans doute, pour la parole sacrée du ministre de la justice qui, le 12 août 1830, promettait de *bien rares procès à la presse;* mais pour ne pas contrarier non plus la volonté de Louis-Philippe, qui, le 31 juillet 1830, à l'Hôtel-de-Ville, promettait aux journaux un *bienheureux répit*, on a réduit ces six procès en deux petits, et de 25 ans de prison et de 45,000 francs d'amende, on s'est humanisé au point que cinq années de détention à l'abbaye de Loos ou au mont Saint-Michel, et trois mille écus au fisc, seraient une suffisante représaille des critiques que nous nous sommes permises envers le gouvernement de notre roi-citoyen.

On nous en veut d'avoir reproché au gouvernement de mentir à son origine — de manquer à ses promesses : on nous poursuit pour avoir dit qu'il avait violé la Charte — flétri l'honneur de la France. On soutient que nous l'avons accusé de pusillanimité, d'égoïsme, de corruption.... Eh bien oui! tout cela est vrai. Nous avons en outre discuté des théories gouvernementales — exposé les griefs du peuple contre la royauté. — Nous avons dit quelles bornes nous mettions à l'inviolabilité royale, et fait entendre aux oreilles de Louis-Philippe les noms de Charles Iᵉʳ èt de Jacques II, — de Gustave III et de Gustave-Adolphe, — de Louis XVI et de Charles X, qui, pour avoir manqué à leurs promesses et voulu gouverner en contre-sens de la volonté nationale, perdirent le trône ou la vie. (Sensation.)

Quand après les trois jours de juillet, le peuple—ce grand faiseur et défaiseur de trônes—consentit à accepter Louis-Philippe pour roi, c'est qu'il pensait que ce prince, dont le premier acte, comme lieutenant-général du royaume, avait été de répudier le nom de Bourbon pour revêtir celui de Valois — que ce prince ne ressemblerait pas aux hommes qu'on venait de chasser — qu'avec lui, citoyen de 89, règnerait la liberté — qu'avec lui, soldat de Jemmappes et de Valmi, la gloire de la France serait sauvée — qu'avec lui, homme d'opposition, pendant nos quinze années de jésuitisme, d'aristocratie et d'arbitraire, renaîtraient la tolérance et la légalité — qu'avec lui enfin, prince bourgeois et économe, nous aurions ce gouvernement à bon marché qui fait la prospérité et la puissance de la république américaine, qu'on jurait alors de prendre pour modèle — que le ministre Thiers, dans le *National* du 31 juillet, montrait comme rempli *d'attraits pour les esprits généreux* — que Louis-Philippe disait à Lafayette, être le *gouvernement le plus parfait.*

Tant qu'il n'eut pas ceint la couronne, Louis-Philippe se montra républicain. Il le fut avec Lafayette, avec Mauguin, avec Cabet, avec Cavaignac, et cent autres. Il s'offrit tel au Palais-Royal devant les chefs de ces combattans de juillet qui venaient de renverser un trône — tel à l'Hôtel-de-Ville, en présence du peuple quand, après avoir promis à Lafayette de donner une monarchie républicaine à la France, le général Dubourg lui dit, en lui montrant sur la place de Grève le peuple vainqueur d'un roi parjure : «Tenez mieux vos sermens, Monsieur : vous voyez comme nous arrangeons ceux qui les violent. Vous connaissez nos besoins et nos droits : si vous les oubliez, nous vous les rappellerons ! — Ah! Monsieur, répond le duc avec l'accent d'une profonde affliction, et en portant la main sur son cœur, si vous me connaissiez, vous n'exprimeriez pas un pareil soupçon. — Je vous connais bien, réplique le général, en se retournant du côté des hommes qui avaient combattu. »

C'est une chose bien remarquable que cette lutte éternelle entre les nations et les rois; et il est pénible, à nous hommes de juillet, d'avoir à confesser que ce qu'on décorait du nom de la *meilleure des républiques* —que cette monarchie bourgeoise qui fit entendre les promesses les plus belles—qui voulait entourer la liberté des garanties les plus solides —qui présentait les précautions les plus sages pour mettre à couvert les droits du peuple—que cette monarchie améliorée s'est néanmoins rencontrée encore impuissante à arrêter les usurpations d'un homme qui pourtant n'est rien moins qu'un Cromwel pour l'audace, et qui ne sera jamais un Napoléon pour le génie. (Mouvement).

Un seul mot des vainqueurs des barricades eût pu envoyer sur la terre d'exil le duc d'Orléans — et pourtant, il est roi — et pourtant, malgré les déceptions dont nous avons été les jouets, ou plutôt à cause même de ces déceptions, nous disons que le nouvel essai de monarchie que la France fait, depuis trois ans, ne sera pas perdu pour l'avenir de la patrie.

À ceux qui, comme nous, ont cru de bonne foi à la possibilité d'une *monarchie-républicaine*, d'une *charte-vérité*, d'un *roi-citoyen*, cet essai apprendra que toute limite répugne à la puissance royale — que parmi les têtes couronnées, il est fort peu de Théopompes et d'Antonins — peu qui puissent croire qu'on ne doit travailler à la gloire et au bonheur de l'état qu'avec une main légale et légitime. — On retirera de la nouvelle expérience monarchique que la France est en train de faire, la conviction intime que les rois enclins, en général, à substituer leur volonté propre à la volonté de la loi, tendent tous au despotisme — que protégés par une constitution qui leur promet l'impunité, ils se targuent comme Charles X, d'une volonté immuable, ignorant qu'il n'y a d'immuable que la volonté du peuple — du peuple qui, au jour d'une révolution, sait briser cette inviolabilité royale dont on se croyait cuirassé.

Feignant d'oublier qu'après le combat des trois jours, en face du palais où siégeait cette poignée de députés que le bruit éteint du canon insurrectionnel ne tenait plus cachés, — feignant d'oublier qu'alors nous aidions à relever l'arbre monarchique aux deux tiers abattu — on nous accuse. — on nous accuse, nous qui eussions voulu empêcher à la royauté nouvelle toutes ses fautes — et par l'exécution franche et loyale de ses promesses — et en reversant sur le roi la popularité de Lafayette — et en donnant pour appui à son gouvernement la liberté, l'honneur, le bon marché, voulions faire oublier la république, dont le temps n'était pas venu — on nous accuse de quoi? — d'avoir dit la vérité au prince — d'avoir indiqué le seul remède qui pût sauver la monarchie.

Ce n'est pas d'aujourd'hui, à dater seulement des six derniers articles dont on vous demande la condamnation, que nous faisons entendre des conseils d'hommes libres à la nouvelle dynastie. Dès le 22 décembre 1830, nous adressions, conjointement avec MM. Garnier-Pagès, Baude, Cauchois-Lemaire, Dupont et Chevalier, un mémoire au roi, dans lequel nous lui signalions la fausse voie qu'il suivait, et l'abîme vers lequel l'inconcevable imprévoyance des ministres entraînait la France et la royauté!

M. Degeorge lit quelques passages de ce mémoire qui prédit au nouveau gouvernement les haines dont il sera couvert s'il ne change sa marche rétrograde, s'il ne revient franchement aux principes de juillet, s'il n'accorde au peuple ce que le peuple a le droit d'exiger. On réclamait dans ce mémoire, ajoute-t-il,

Une presse libre. — Et en vingt-six mois on lui a fait 421 saisies, 377 procès : on a prononcé contre les écrivains patriotes plus de 1500 mois de prison.

Des journaux affranchis de toute chaîne fiscale. — Et outre les droits de timbre et de poste dont on les écrase, on les a frappés, en vingt-six mois, de 521,325 francs d'amendes.

Nous demandions un électorat qui atteignît tout Français ayant capacité de choisir en connaissance de cause son député. — Que voyons-nous? sur 32,600,000 individus qui peuplent la France, on fait au pays l'injure de ne reconnaître que 160,000 personnes environ, comme offrant assez de garanties pour se choisir leur député. — On ferme les portes du collège aux avocats, aux juges, aux notaires, aux avoués, aux savans qui ne paient pas 200 francs d'impôts; à ceux là mêmes que la loi admet ici comme jurés, à qui elle confère le droit de punir ou d'absoudre, d'envoyer à la mort ou de sauver de l'échafaud.

Nous demandions un budget qui satisfît à tous les besoins de l'État, mais dont il ne pût rien être détourné pour la faveur et la corruption.

— Et on vote des fonds secrets, et M. Viennet veut que l'argent des contribuables soit la *Clé d'or* dont les ministres se servent pour *pénétrer*, dans les associations de citoyens, pour *surprendre* leurs secrets, pour *déjouer* leurs intrigues, pour acheter la *cupidité*, sans s'embarrasser si les cupides seront appelés *traîtres, faux témoins, agens provocateurs ;* si gouverner ainsi ne sera pas mériter l'accusation d'immoralité et de corruption dont la presse flétrira députés, ministres et chef d'un tel gouvernement. — Nous demandions un budget riche d'économies et de spécialités, et l'on augmente la dette publique de plus d'un milliard en trois années. — Et on prélève sur le pays 1,400,000,000 d'impôts par année — un tiers en plus que sous Charles X — deux fois plus qu'au temps de la république, lorsqu'en l'an X, victorieuse et maîtresse des factions, elle donnait des lois à cent huit départemens, et satisfaisait à toutes les dépenses avec un budget de 589 millions. (Sensation.)

Nous demandions la réorganisation de la pairie. --- Et on l'a conservée avec tous ses élémens hétérogènes, en y envoyant seulement des fournées de nouveaux pairs, dont les premiers nommés l'ont été illégalement, avant la révision de l'article 23 de la charte, en contravention au serment fait le 9 août par Louis-Philippe, promettant à la nation de ne gouverner *que par les lois et selon les lois.*

Nous demandions la dissolution immédiate d'une chambre des députés composée en partie des hommes du double vote qui n'avaient aucune sympathie pour l'ordre nouveau. — Et cette chambre a continué à exister pendant près d'une année — travaillant sans cesse à rapetisser la révolution de juillet — nous montrant ses craintes du peuple — ses rancunes contre la liberté, bâtissant petit à petit ce gouvernement quasi-légitime qui avait hypocritement inscrit sur sa bannière *ordre public*, et qui a promené l'émeute dans 200 villes de France, et offert le relevé, jamais atteint jusqu'alors, de 6,500 empoignemens par mois dans la seule ville de Paris, et de 708 jours de perturbation et de troubles politiques dans les 86 départemens en moins de trois années. (Mouvement.)

Nous demandions enfin l'amélioration du sort des travailleurs et des pauvres, l'abolition des privilèges qui nuisent à l'industrie, des monopoles qui paralysent le travail. Nous lisions avec espérance ces lignes du duc de Chartres, maintenant Louis-Philippe Ier :

« Hier à onze heures (13 janvier 1791) inscrivait-il dans son journal,
» j'ai été à l'assemblée; on y discutait la question du tabac, c'est-à-dire
» si vous seriez maître de votre champ, oui ou non ; car y a-t-il rien de
» plus injuste que de dire à un homme : Ce champ est votre propriété,
» mais vous ne pouvez pas y semer telle ou telle chose; j'aurai le droit
» d'aller quand je voudrai, et autant que je voudrai dans votre jardin,
» dans votre maison, voir si vous n'y avez pas planté du tabac, si vous
» n'en avez pas caché ! Aucun Français, ajoutait-il, ne souffrira une
» pareille inquisition. »

Et pourtant, cette inquisition contre laquelle le *Propagateur* s'est indigné tant de fois existe encore, — elle existe sous le règne de ce duc de Chartres devenu roi — elle dit quel cas on doit faire de ce grand respect que Louis-Philippe témoignait pour la propriété, la liberté, le domicile des citoyens; — car son gouvernement ne continue-t-il pas à mettre les maisons et les terres de nos cultivateurs à la merci des agens de la régie? — ses ministres n'ont-ils pas retenu sans droit, puisqu'il n'y avait pas jugement, une femme prisonnière? — ses mouchards, afin d'expulser de la terre de France le plus illustre des proscrits polonais, n'ont-ils pas violé le domicile de Lafayette, que la restauration elle-même avait respecté? De nos jours, un autre duc d'Orléans, parodiant ce mot d'un de ses aïeux : « Le roi de France ne se rappelle pas les offenses faites au duc d'Orléans, » aurait-il donc prétendu pouvoir oublier impunément les sermens qu'il a faits, et ne pas remplir les engagemens qu'il a pris? (Agitation, interruption.)

Publiés en août 1830, lorsque tout un peuple, croyant à la sincérité du nouveau roi, saluait son avénement au trône comme un bienfait, nous concevons que les articles incriminés vous eussent paru coupables. Mais les événemens ont fait tomber le masque, et aujourd'hui qu'on a pu se convaincre que ce bel étalage de désintéressement, de patriotisme, de courage, qui avait tant su nous charmer, n'était qu'une rouerie politique, vous trouverez vrais, justes, mérités les griefs que nous élevons jusqu'au trône, l'accusation que nous portons contre l'hypocrisie.

Quel nom donnerez-vous, en effet, Messieurs, à l'action de cet homme qui, avant le 9 août, répétait à chaque instant qu'il était *républicain*, qu'il reconnaissait la *souveraineté nationale*, — qu'il acceptait d'avance *toutes les conséquences d'un gouvernement libre*, — que la *constitution des États-Unis* était la plus parfaite à ses yeux, — qu'il ne désirait qu'une *monarchie républicaine*, et qu'il ne voulait être qu'un *roi-citoyen sur un trône populaire entouré d'institutions républicaines*, de cet homme qui, plus tard, a pris les titres de *très haut, très puissant, très excellent prince*, et a permis à ses ministres de nous jeter l'épithète flétrissante de *sujets?*

Que dire du prince qui parloit avec tant de chaleur de la gloire française, qui s'énorgueillissait d'avoir été associé au triomphe de Valmy et de Jemmapes, — et qui laisse la France plus humble qu'au traité de Vienne, moins glorieuse qu'après l'héroïque défaite de Waterloo?

Quelle épithète donnerez-vous au langage de ce roi qui, au premier jour de son règne, assurait, suivant les propres paroles d'un député qui est resté fidèle au pouvoir nouveau « que quatre millions de liste civile étaient tout ce qu'il fallait pour la représentation royale, — et qui, un peu plus tard, se lamente, supplie, se fait pauvre pour obtenir dix-huit millions, et coûte en définitive à la France plus de cinquante sept millions en trois années, c'est-à-dire de quoi solder une armée de 150,000 hommes, de quoi fournir trois cent soixante-cinq jours de travail et de pain à plus de 180,000 ouvriers de nos campagnes, — 57 millions, c'est-à-dire douze fois plus d'argent que n'en versent dans les coffres de l'état le Calaisis, le Boulonnais et l'Artois, peuplés de 655,000 habitans.

Ici M Sénéca interrompt M. Degeorge, et lui fait remarquer qu'il se rend coupable d'un nouveau délit, et que, s'il continue sur ce ton, il sera obligé de demander acte de sa nouvelle offense.

M. Degeorge continue ainsi :

Quel nom donnerez-vous à celui qu'on voit, le 31 juillet, presser avec tant d'effusion Lafayette sur son cœur, — et qui, six mois après, le destitue? A celui qu'on voit si fier d'une énorme cocarde tricolore qui décore son chapeau, et qui, le 6 juin 1832, annonce à Odilon-Barrot, à Arago, à Laffitte, qu'il regrette d'avoir effacé les fleurs-de-lis qui décoraient ses écussons? A celui qu'on voyait louer avec tant d'enthousiasme l'héroïque courage de la jeunesse et du peuple de Paris, expulsant Charles X et sa famille, — et qui remplit de combattans de juillet toutes les prisons? A celui enfin qui, presque irrité, répondait à Dupont de l'Eure, faisant difficulté, à cause de ses goûts plébéiens, d'accepter le portefeuille de la justice : « Est-ce que par hasard, M. Dupont, vous auriez la prétention d'être plus patriote que moi, » se transformer, un an après, en espèce de Sardanapale, formant sa cour de roués, de courtisans et d'apostats de tous les règnes, — amassant richesses sur richesses, — et faisant garder sa cassette et sa personne par plus de soldats qu'il n'en fallut à Napoléon pour regagner un trône, d'où, sans la trahison de Raguse et de Talleyrand, toute l'Europe en armes ne serait pas parvenue à l'expulser.

M. Sénéca interrompt de nouveau M. Degeorge. Celui-ci explique que sa défense doit-être entière pour faire apprécier au jury les motifs graves qui l'ont amené à critiquer aussi amèrement le pouvoir et à se séparer du système du 9 août.

M. le président invite M. Degeorge à supprimer une partie de son discours : M. Degeorge réplique qu'il croit le tout indispensable à sa défense et continue ainsi :

Les critiques du *Propagateur*, qu'on vous signale comme si acerbes, si hostiles au pouvoir, si offensantes pour la royauté, trouvent leur justification dans la conduite tortueuse et cupide, ingrate et poltrone du gouvernement.

Ce n'est pas par envie de fronder que nous nous sommes jetés de plus en plus dans l'opposition, mais par besoin de sauver la liberté des usurpations d'un pouvoir qui, comme le dit avec raison un des articles incriminés, « nous ramènerait avant peu, s'il n'était arrêté dans sa marche, aux hommes et aux choses de la restauration. »

Qu'on lise les articles, même les plus violens, que notre journal a publiés depuis trois ans, et l'on se convaincra qu'ils sortent d'une plume toute citoyenne, qui ne s'est détachée de la famille d'Orléans que lorsque le chef ou les ministres de cette dynastie se furent « écartés des principes proclamés en juillet; qu'ils eurent avili la France aux yeux de l'étranger, attenté au-dedans à la souveraineté nationale qu'ils avaient reconnue, et qui doit les briser au premier moment que le peuple las de souffrir, se ressaisissant, comme à dit Bergasse, des droits qu'il tient de la nature et de son éternel auteur » en appellera ainsi que Loke lui en reconnaît le droit, au glaive, et prendra Dieu pour juge entre le prince et lui. »

Est-il besoin, pour vous prouver notre consciencieuse bonne foi dans l'opposition que nous faisons au gouvernement, de vous rappeler que dans l'origine, nous entourâmes de respect, de vénération la nouvelle dynastie? — Dans notre vénération pour le roi des barricades, nous refusions d'ajouter foi aux biographies qui donnaient le général Egalité comme complice de Dumouriez, désertant, aux bains Saint-Amand, son quartier-général, et allant demander à l'étranger du service contre sa patrie. — Dans notre confiance au patriotisme du duc d'Orléans, nous persistions à ne pas croire qu'il eût accepté, en juin 1810, un commandement dans les armées espagnoles, et rédigé à Taragone cette honteuse proclamation aux soldats français, pour les inviter à abandonner la cause de Napoléon. — Dans notre sollicitude, nous cachions la lettre de Mme de Genlis, écrivant à son ancien élève qu'il était impropre à porter une couronne. — Nous taisions ce jugement de Napoléon : Que la branche cadette des Bourbons subirait inévitablement le même sort que la branche aînée, si elle s'emparait du gouvernement. — Nous taxions enfin de calomnie infâme, le fait, malheureusement trop prouvé, qu'au moment où le président de la Convention, l'éloquent Vergniaud, la voix pleine de larmes, prononçait l'arrêt de mort contre Louis XVI, Louis-Philippe se faisait remarquer, dans les tribunes publiques, par ses approbatifs battemens de mains et ses joyeux applaudissemens. (Bruyante agitation.)

Est-ce notre faute à nous si l'engouement que nous avions pour le prince qui avait accepté le beau titre de roi-citoyen ne dura pas? — Pourquoi ne tint-il pas ses promesses? — pourquoi ses actes de tous les jours changèrent-ils notre confiance en soupçons, — nos espérances de bonheur en désenchantement profond? Qui trompait-on, le 31 juillet, lorsqu'en échange du sceptre, on promettait à Lafayette une monarchie républicaine, tandis qu'on déclarait au duc de Mortemart *qu'on périrait plutôt que d'accepter la couronne*? — On trompait à la fois la légitimité et la révolution.

Dès le mois d'août, la trahison incarnée, Talleyrand, est chargé par Louis-Philippe, d'aller représenter à Londres notre héroïque révolution.

Quelques mois plus tard, le ministre Guizot proclame l'*impopularité*, le meilleur système de gouvernement, — le peuple en casquette et en veste est repoussé du jardin des Tuileries, et l'on transforme en une espèce de citadelle, garnie de fossés, la demeure du chef de la nation.

Laffitte, qui a procuré la couronne au duc d'Orléans, — Lafayette, qui la lui a confirmée, — Bérard, qui la lui a fait décerner par les députés, — Dupont (de l'Eure), à qui quand il voudra se retirer la première fois, le roi dira presqu'en pleurant : « Vous voulez donc que je retourne à Neuilly? — ne seront plus, dès qu'on aura cessé d'avoir besoin d'eux, que comme quatre *médecines* dont on se débarrassera bientôt. »

Les réfugiés espagnols, auxquels Louis-Philippe fait remettre, par l'intermédiaire de trois de nos amis, 100,000 fr. pour aider une conspiration qui doit détrôner Ferdinand-d'Espagne....

M. le substitut Sénéca exprime son incrédulité par un signe de tête.

M. Degeorge. — Le fait est vrai. Une des trois personnes qui ont reçu cet argent est ici, dans cette enceinte, je puis la nommer.

Quelques voix. — Nommez-la !

Cette personne, c'est M. Dupont. MM. Loève-Weimar, rédacteur du *Temps*, et Chevallon, ami de Manuel, étaient les autres. Est-ce précis? Le gouvernement qui nous accusa de faire de la propagande en faisait-il aussi alors? Qu'on nous démente donc, car nous-mêmes ayons été acteurs dans cette malheureuse affaire où les réfugiés furent lâchement abandonnés; et nous savons, nous, si ce n'est pas pour avoir cru à la parole du roi, qui avait dit que la *bonne foi* serait la base du gouvernement, que Torrijos et cinquante des siens furent fusillés dans les plaines de Murcie. (Profonde sensation.)

La *nationalité polonaise*, que Louis-Philippe avait promis de ne pas laisser périr, tombe sans qu'il lui ait prêté assistance; et les soldats de Varsovie, qui ont levé l'étendard de l'insurrection pour arrêter le géant moscovite marchant contre la France, ne reçoivent du gouvernement français que misère, vexation et mépris.

Le prince qui, au commencement de son règne, du haut de son balcon du Palais-Royal, faisait chorus avec le peuple chantant la *Mar-*

seillaise, laissera impunis les assassinats du Pont-d'Arcole. — Assassinats horrribles, commis par des sergens de ville sur une trentaine de jeunes gens sans armes, au moment où, à genoux et découverts, ils commençaient ce sublime couplet : *Amour sacré de la patrie*, de notre hymne de liberté.

Le prince qui, après juillet s'enorgueillissait de l'énorme cocarde tricolore qu'il portait à son chapeau, ne fera pas punir, au 14 juillet 1831, anniversaire de la prise de la Bastille, des assommeurs embrigadés par la police, courant sus à cet emblème de nationalité.

À cette dernière phrase, M. Sénéca se lève violemment et demande acte à la cour des réservés qu'il fait de poursuivre celui qui l'a prononcée : « Tant que l'exécution de la loi me sera confiée, dit-il avec feu, elle ne périra pas dans mes mains. »

Alors de grandes difficultés se présentent pour rétablir les expressions dont M. Degeorge s'est servi. M. le greffier déclare qu'il n'a pas tenu note de la phrase. M. Sénéca essaie de la refaire ; mais M. Degeorge dit que les paroles que lui prête le ministère public ne sont pas celles dont il s'est servi.

Plusieurs voix dans l'auditoire : Non ! non ! on n'a pas dit cela.

M. Sénéca refait une nouvelle phrase que M. Degeorge repousse encore comme sienne. L'hilarité redouble. La cour donne acte au ministère public de ses réserves, et dit qu'il y sera statué à la fin de l'audience. Des murmures s'élèvent de tous les points de la salle.

M. Dupont. — Je déclare que si on continue à entraver ainsi la défense, je prends ma toque et m'en vais.

M. Delpouve. — Votre défense sera libre ; mais la cour n'a pu se refuser à donner acte à l'avocat du roi de ses réserves.

M. Degeorge reprend :

On reproche au *Propagateur* d'avoir accusé le gouvernement de mensonge, d'hypocrisie, de pusillanimité, de violation de ses promesses. — Jugez-le, Messieurs, par les faits que nous avons cités, par ceux encore qu'il ne tiendrait qu'à nous d'accumuler contre lui.

Car outre l'*assurance que la nationalité polonaise ne périrait pas*, qu'est devenue cette autre assurance que les forteresses de la Belgique, élevées contre la France, seraient démolies ? Qu'est devenu le principe de non intervention, auquel, dans leur fatale confiance, les patriotes de Modène, de Bologne, de Forli, avaient cru ? — Que sont devenues ces promesses de désarmement, toujours annoncé, jamais accompli. — Comment qualifierez-vous cette assurance donnée, le 6 juin 1832, par le roi lui-même : « que les affaires de la Belgique allaient être sous peu de jours complètement terminées, » lorsque six mois après, il a fallu le siège d'Anvers, et qu'aujourd'hui encore, il n'y a qu'une suspension d'armes et pas de paix ! Enfin quel nom donner à l'action de ce prince qui assure à Laffitte, Arago, Odilon-Barrot, que le 6 juin au matin, on lui avait proposé la mise en état de siège et qu'il ne l'avait pas voulue, qu'il ne voulait régner que par les lois, qu'on ne le ferait jamais dévier de cette règle, et qui, une heure après cette déclaration, signe l'état de siège qui livre Paris à la juridiction expéditive des conseils de guerre, et permet à M. Gisquet d'exhumer des archives sanglantes du roi qui révoqua l'édit de Nantes et ordonna les dragonnades, cette épouvantable ordonnance de police qui, pour me servir des expressions d'un des collaborateurs du *Propagateur*, qu'aux assises de décembre le jury du Pas-de-Calais a acquitté, cet édit de sang qui place l'inquisition au chevet du lit des malades et suit les suspects à la trace du sang, qui prescrit au médecin de se faire l'espion, le geôlier, le dénonciateur de celui qui lui a confié sa vie, de trahir le plus saint des devoirs de l'humanité, de guérir pour l'échafaud et d'apposer le cachet du bourreau sur la plaie où il met l'appareil.

En présence de tous ces faits, quand nous avons entendu un député de la France déclarer publiquement « que Louis-Philippe a déchiré la Charte : qu'il l'a déchirée sans aucun prétexte de nécessité, quand rien ne pouvait servir d'excuse, quand tout signalait la mise en état de siége comme un criminel renversement de la contitution » n'avons-nous pas eu raison de jeter un long cri de découragement et de détresse ? Quand ce même député, ancien procureur-général de Louis-Philippe, et auquel ce prince avait promis aussi une France glorieuse et libre, ajoute que « comme Louis XVI, comme Louis XVIII, comme Charles X, le roi des Français fait aujourd'hui partie de la sainte-alliance, redoutant la liberté autant peut-être que les autres souverains, et coopérant avec eux à l'oppression de l'Europe, » n'avons-nous pas eu raison de dire » que les griefs des patriotes étaient fondés quand ils accusaient le pouvoir d'incapacité et de mauvais vouloir pour la révolution de juillet, » pour cette révolution glorieuse que Louis-Philippe, écrivant à Nicolas de Russie, ne craint pas de qualifier de *catastrophe*, dix jours après que par elle il avait eu le bonheur d'être nommé roi ?

Il y avait un devoir de loyauté à remplir avant de prendre et de traiter définitivement en ennemi le nouveau trône. Il convenait d'essayer une dernière tentative auprès de lui, de lui faire connaître la volonté des patriotes, de le sommer, comme nous l'avons fait, d'exécuter les promesses qu'il avait jurées, de donner au pays le gouvernement à la fois à bon marché et progressif qu'on avait droit d'exiger, ou de s'attendre à être renié et combattu par nous ; car, disait *le Propagateur* à nos aveugles gouvernans, « tout ce qu'il y a dans la nation de cœurs généreux, de nobles courages, préféreraient affronter un nouveau combat de trois jours que de souffrir un gouvernement rétrograde, menteur à son origine, sans gloire pour la France et onéreux au pays.»

La menace est formelle, dit l'avocat du roi ; nous n'en disconvenons pas. Mais nous avions le droit de faire entendre une telle menace ; — le royaliste Bergasse, tout comme le républicain Rousseau, n'ont-ils pas écrit que « quand le prince n'administre plus l'État selon les lois, et qu'il usurpe le pouvoir souverain, le pacte social est rompu, et qu'alors tous les citoyens rentrés de droit dans leur liberté naturelle, sont forcés, mais non pas obligés d'obéir, » — « qu'ils peuvent, suivant un jeune publiciste, aujourd'hui préfet du Jura, repousser la force par la force » et pour recouvrer, suivant les expressions de Loke, leur liberté perdue, « en appeler au glaive et prendre Dieu pour juge entre le prince et eux. »

Et les sermens ! « qui ne sait, dit un homme dont l'avocat du roi ne récusera pas l'opinion, M. le procureur-général Persil, qui ne sait que les sermens supposent des engagemens réciproques, et qu'ils n'obligent celui qui les fait qu'autant que celui qui les reçoit reste dans la ligne de ses devoirs. L'infraction d'un côté rompt l'engagement de l'autre.

Mais l'irresponsabilité royale ? « les chambres ont déclaré et la France a déclaré avec elles, que les sermens sont réciproques entre les princes et les peuples, et qu'il est des attentats que le principe de *l'irresponsabilité royale*, quelque sacré, quelque tutélaire qu'il puisse être, ne *saurait couvrir entièrement.* » Mais, s'écriera l'absurde milieu, quel est le bousingot, quel est l'espèce de régicide qui ose donc parler ainsi ? M. de Broglie, ministre de Louis-Philippe, devant les députés de la France, qui s'écrient : très bien ! très bien ! (*Mouvement d'hilarité.*)

Et quel homme manqua plus ouvertement à ses sermens que le roi, qui, nous ayant promis une monarchie républicaine et un gouvernement à bon marché, nous donne une royauté à la prussienne et un budget de 1,400 millions ?

Et quel prince viola plus manifestement le pacte social que le signataire de l'ordonnance de l'état de siége qui fut solennellement condamnée par la première cour du royaume ? Que le prince qui voulait embastiller Paris, malgré la population et les chambres ? Que le roi qui, en violation de la charte, au mépris de toutes les formes constitutionnelles, gouverne au lieu de se contenter de régner? « J'ai adopté le système qui m'a paru bon ; on me hacherait comme chair à pâté, dans un mortier, plutôt que de m'entraîner contre mon opinion. » Paroles fatales dites par Louis-Philippe à Laffitte, à Barrot, à Arago, et qui, à elles seules, justifieraient notre opinion sur la non-inviolabilité des princes qui se hasardent à sortir de la constitution.

Un roi ne saurait demeurer inviolable qu'à une condition : celle de respecter scrupuleusement le pacte qui fonde son inviolabilité et qui lui défend de gouverner.

Si les rois gouvernent, ils deviennent responsables, et à côté du despotisme constitutionnel qu'ils auront organisé, s'élèvera une révolte légale qui pourra justement les renverser.

Charles Ier et ses descendans furent justement déchus du trône d'Angleterre. Le Danemarck tout entier applaudit à la déposition solennelle du tyran Christian II. Les cortès d'Arragon dépouillèrent Henri de son titre de roi. Les membres des quatre états de Suède, après avoir été unanimes pour ôter la couronne à Eric, fils de Gustave Vasa, afin de la donner à Jean son frère, ne l'enlevèrent-ils pas plus tard aux descendans de ce prince en déposant Gustave IV, qui avait voulu se rendre absolu, et en portant au trône Charles XIII, ayant Bernadotte pour fils adoptif, appelé à lui succéder? Celui, a dit Voltaire, qui fait le malheur d'un peuple, n'est pas digne d'en diriger les destinées. C'est alors, comme l'a dit Lafayette, que l'insurrection est le plus saint des devoirs. C'est au moment qu'il s'aperçoit qu'il ne peut plus agir conformément aux intérêts de la nation, qu'un gouvernement, comme Louis-Philippe le disait en juin 1831 au maire de Nancy, « devrait abdiquer de lui-même, » s'il ne veut être renversé. (*Sensation.*)

Réunissant dans une même accusation nos articles incriminés, le ministère public y trouve un plan de conspiration médité à l'avance et dont les conspirateurs, tout éloignés qu'ils étaient les uns des autres, avaient le mot pour la prompte exécution.

Ainsi l'un d'eux, et c'est moi, s'efforce de montrer que le gouvernement actuel n'a pas de durée et adopte l'opinion de M. Cabet, qu'il faut une responsabilité au roi qui gouverne au lieu de régner. Un second conspirateur de Paris se hâte aussitôt de prouver qu'un roi ne saurait, en toutes circonstances, se couvrir de l'inviolabilité royale, et que cette inviolabilité ne saurait assurer l'impunité au chef de l'état qui, autre Charles IX, par exemple, tuerait à coups d'arquebuse ses féaux sujets. Un troisième conspirateur, celui-ci habite Montreuil, prouve alors que le gouvernement auteur des noyades du Pont-d'Arcole et de la conspiration de l'état de siége, n'a plus l'affection du peuple et qu'il ne faudra pas radouber l'esquif juste-milieu, lorsqu'il tentera de revenir à nous, faisant eau de toutes parts. Mais comme la magistrature pourrait être un appui pour le trône et devenir son refuge dans la tempête, un quatrième conjuré de Cambrai lance une philippique contre les juges afin de les déconsidérer aux yeux de la nation et de les rendre ainsi impuissans à protéger, à soutenir, à venger la royauté. Enfin pour compléter la trame, pour élever sur les ruines de l'édifice décrépit que nous aurons renversé, un édifice plus solide et plus jeune, moi, républicain invétéré, suivant l'avocat du roi, je proclamerai qu'en nulle circonstance, la royauté héréditaire ne pourra faire le bonheur du pays.

Il n'y a qu'un petit malheur à ce plan de conspiration si bien échafaudé, c'est qu'il est faux; c'est que chaque article incriminé est sans liaison aucune avec l'article qui l'a précédé; c'est que chacun des quatre collaborateurs du journal saisi, a écrit d'après son inspiration seule, sans direction aucune, sans impulsion étrangère. Ce sont quelques derniers conseils donnés à l'agonisante monarchie.

Il ne s'agit, en effet, pour la monarchie, que de disparaître plus ou moins promptement de la terre, et dussions-nous, pour la voir tomber, attendre la fin des cinquante années prédites par Napoléon, il est certain qu'à la royauté succédera la république; non cette république de 93, qui n'était qu'anarchie, qui s'intitulait elle-même *gouvernement révolutionnaire*, afin de ne pas flétrir un beau nom; mais cette république des États-Unis, cette république plus riche, plus puissante, plus heureuse qu'aucune monarchie d'Europe, qu'aucun royaume qui, dans les temps anciens et modernes, a eu pour chef un empereur ou un roi. Ouï! la république, ce meilleur des gouvernemens, suivant l'opinion de tous, nous l'aurons : et rappelez-vous bien, messieurs les jurés, cette prophétie renouvelée des Scythes : que si vous ne vous envolez dans l'air comme les oiseaux, ou si vous ne vous cachez dans la terre comme les souris, où si vous ne vous enfoncez dans l'eau comme les grenouilles, vous ne pourrez échapper aux bienfaits de cette forme de gouvernement, dont quelques hommes se font un épouvantail si mal à propos.

Je laisse à mes amis, Mes Dupont et Ledru, le soin de justifier nos six articles incriminés, et de prouver que nous avons pu nous enquérir si le gouvernement actuel avait de la durée : car on n'aime pas habiter sous un toit qui menace ruine. Je leur laisse le soin d'établir que nous avons eu le droit d'enregistrer les fautes du gouvernement et d'annoncer qu'il courait à sa perte; car toute puissance s'ébranle et croule qui a quitté ses bornes. Je leur abandonne le soin de montrer que nous avons pu sans délit dire notre peu de sympathie pour la magistrature de la restauration, pour ceux qui, autrefois, assassinèrent Vallée, Borie et Berton, qui, dans cette même enceinte, prononcèrent une condamnation de mort contre nous; car Louis-Philippe n'a-t-il pas dit aussi le 1er août, à Cavaignac, en présence de Thiers, que pour les juges qui lui avait fait perdre tous ses procès, il leur en voulait autant que nous. Je leur confie enfin le soin de prouver le droit, l'intérêt que nous avons à traiter la question de l'inviolabilité royale; qu'un roi est responsable quand il cesse de gouverner d'après la constitution; car deux députés, MM. Thouvenel et de Ludre, n'ont-ils pas été bien plus loin que nous, lorsqu'ils ont dit à la tribune « que l'ordonnance sur l'état de siége étant une violation manifeste de la charte, ses auteurs étaient coupables de trahison et méritaient d'être mis en accusation ; que la garde nationale aurait pu s'insurger pour défendre la charte, et que cette insurrection aurait été aussi légitime que celle de juillet. » A-t on mis Béranger en accusation, quand, annonçant la prochaine mise en pratique de cette question de la responsabilité royale que nous n'avons traitée qu'en théorie, il a dit, parlant de Louis-Philippe :

> Quoi! d'une charte on nous a fait l'aumône
> Et sous le joug vous voulez nous courber!
> Nous savons tous comment s'écroule un trône,
> Dieu juste! encore un roi qui veut tomber.

Ils sont nombreux les exemples de responsabilité appliqués à ces rois que les flatteurs voudraient nous représenter comme des êtres impeccables, irresponsables, inviolables. Ne remontons pas au-delà de notre histoire de 40 ans. Louis XVI, complotant l'invasion de la France par l'étranger, est mort sur l'échafaud — Paul Ier a été étranglé par son fils — Alexandre a été empoisonné par ordre de son frère Nicolas — Murat, roi parvenu, a été fusillé par les soldats d'un roi légitime — Jean IV, de Portugal, est allé mourir en Amérique expulsé de son royaume par un conquérant — Ferdinand VII d'Espagne resta à Valençai cinq ans, captif de Napoléon, et cet empereur et roi, grand *culbuteur* de trônes, alla lui-même mourir à Sainte-Hélène, ne conservant ni à lui, ni à son fils, ni à ses frères, pas une des vingt couronnes qu'il avait gagnées — Louis XVIII, Charles X et Guillaume Nassau ont été chassés du trône par leurs sujets — Victor Amédée, de Savoie, est obligé d'abdiquer — l'empereur don Pedro est renvoyé du Brésil par le parti républicain, et oblige, par la force des armes, son frère don Miguel à évacuer Lisbonne, qu'il a usurpé à dona Maria. Nous le demandons, où était pour tous ces rois cette inviolabilité qui devait les mettre à l'abri du soufre des révolutions, de l'épée d'un conquérant ou de la volonté du peuple, de la vengeance de l'aristocratie ou du poignard d'un bon parent? (*Sensation.*)

Le principe de l'inviolabilité, inutile à qui est fort, tant qu'il reste fort, est un vain égide pour le souverain qui en aurait besoin. Encore à l'heure qu'il est, ce principe hante les tavernes et court en *lapin* les grandes routes avec Gustaveson, le prétendant suédois ; et, dans la personne de Georges III d'Angleterre, n'a-t-il pas été enfermé, comme fou, dans une petite-maison ? (*Sensation.*)

Accusé d'attaque contre l'inviolabilité du roi, vous déclarerez, messieurs, que le *Propagateur* n'est pas coupable pour avoir démontré la futilité, la fragilité de cette fiction politique, qui, dans notre France, sous nos yeux, n'a pu garantir une royauté de l'exil et l'autre de l'échafaud.

Accusés d'offense envers la personne du roi, vous déclarerez que les écrivains du *Propagateur* ne sont pas coupables pour avoir dit, en présence d'un budget de plus d'un milliard, que Louis-Philippe ne nous avait pas donné ce gouvernement à bon marché qu'il nous avait promis; d'ailleurs un monarque n'est jamais individuellement attaqué dans ses propres états : il n'est rien de personnel entre un prince et un écrivain.

Accusés d'excitation à la haine et au mépris du gouvernement, vous déclarerez encore que nous ne sommes pas coupables pour nous être élevés avec indignation contre les actes du ministère, pour nous être rappelé les assassinats commandés par la police à la place de la Bastille, les noyades nocturnes du Pont-d'Arcole, l'ensevelissement des patriotes dans les plus horribles prisons, les mitraillades du cloître Saint-Méry, les violations de domicile, les infractions des lois politiques comme des lois humaines à l'égard de la duchesse de Berry, l'état de siége, la justice expéditive des conseils de guerre, les corruptions parlementaires, les destitutions arbitraires, les haltes dans la boue, et notre humilité devant l'étranger.

Nous avons été violens, parce que nous avons senti vivement le déshonneur et la misère de la France; l'indignation dans ce cas était légitime, et vous, messieurs, vous ne donnerez pas à l'arbitraire ministériel la satisfaction de pouvoir faire de moi comme de Granier, me traîner de brigade en brigade à travers toute la France, accolé à un forçat, et m'envoyer tourner la roue à Clairveaux, parce que j'aurai eu le courage de dévoiler les turpitudes du pouvoir, de lui dire hautement ses vérités. (*Sensation.*)

Accusé de provocation au mépris et à la haine contre les magistrats, vous déclarerez également le *Propagateur* non coupable pour s'être élevé contre la complaisance de la magistrature aux volontés du pouvoir, pour avoir montré l'incompatibilité qui existe entre notre législation et nos mœurs, pour avoir dénoncé comme dangereuses et iniques ces procédures au moyen desquelles on parvint autrefois à assassiner Tolleron, à martyriser Bories.

Eh quoi! discuter les motifs d'une loi ou d'un arrêt, en montrer les erreurs, en signaler les vices, flétrir les prévarications, l'animosité, la partialité des magistrats, ce serait outrager la justice, ce serait injurier la magistrature, ce serait bouleverser l'état? Eh quoi! la loi, bonne ou mauvaise loi; les juges, qu'ils soient des Suger ou des Laubardemont, des Henrion de Pensey ou des Persil, commanderaient une aveugle vénération et un superstitieux silence aux écrivains tremblans et prosternés? Qu'il se nomme celui qui ose soutenir que notre législation criminelle est parfaite? Qui oserait nier que des innocens n'ont pas été immolés sur l'autel de la vengeance et de la haine aux idoles du despotisme ou à la rage des factions? Et il serait défendu à l'humanité gémissante d'arroser des larmes de l'indignation, l'humble tertre qui recouvre leurs cendres inanimées! La presse ne pourrait réhabiliter la mémoire de ces victimes de l'erreur du juge, ou de la violence des passions! Les magistrats prétendraient qu'on ne peut fouiller sans crime et contester l'infaillibilité des décisions qui ont traîné l'innocent à l'échafaud! C'est à vous, messieurs les jurés, qu'il appartient de repousser une si abominable doctrine. — Beccaria, s'élevant le premier avec une sainte indignation contre la peine de mort, Voltaire, maudissant les juges de Calas et et de Servan, furent-ils envoyés en prison? (Sensation.)

Accusé enfin d'avoir dit qu'en nulle circonstance la royauté héréditaire n'avait fait le bonheur d'un pays, vous ne donnerez pas un démenti à l'histoire; vous ne direz pas que Machiavel, Sully, Voltaire, Montgaillard sont des imposteurs; afin de pouvoir nous envoyer en prison, vous ne vous ferez pas les défenseurs des princes que flétrira l'histoire; et surtout, quand nous avons tû un nom en parlant d'avarice, vous ne viendrez pas, vous, messieurs, l'ajouter là où il n'est pas, afin d'inventer un délit que puissent punir les lois.

Et quelles lois invoque le ministère public pour obtenir de vous notre envoi en prison?

Les lois de la restauration; celles que tous les amis du gouvernement actuel ont flétries, comme députés de la France, quand un ministère anti-libéral les imposa au pays.

« La loi de répression que vous discutez est en tout sens une loi d'oppression, » disait Bignon, en votant le rejet de la loi de 1822, que cinq fois dans cette cause on invoque pour nous faire condamner.

« Votre odieuse loi, ajoutait Chauvelin, n'a rien oublié : elle est très mauvaise et dangereuse même pour ceux qui la soutiennent. »

« Je dis qu'une telle loi est inutile, quant à la protection, disait Royer-Collard; qu'elle est immorale dans son principe, et qu'elle choque l'esprit et les mœurs de la nation. »

« Ces lois sont meurtrières du droit, s'écriait Méchin : elles sont inconstitutionnelles, oppressives, injustes et tyranniques. »

Parlant sur l'article qui regarde la magistrature, Casimir Périer disait : « C'est une sorte d'association d'assurance mutuelle qu'un gouvernement qui dévie sans cesse des principes constitutionnels veut donner à ceux qui le servent : on veut les garantir contre des actes que leur conscience réprouve; on veut leur donner une sauve-garde qu'il n'appartient pas à la loi de leur assurer. »

« Ce n'est point, proclamait Sébastiani, une loi conçue dans des vues d'ordre public contre les excès de la liberté : c'est la loi de l'ordre ancien contre l'ordre nouveau; c'est la presse retirée à la France constitutionnelle, et livrée à la France de 1788; c'est une législation de parti, et uniquement destinée à devenir un instrument de parti; c'est une série de moyens artificieux et de forces factices, mise aux mains d'un parti qui est hors d'état de donner la justice et de supporter la liberté. »

« Je rejette cette loi fatale. J'en signale les dangers, » disait Etienne.

« Je voterai contre cette loi, disait Devaux (du Cher), pour n'être pas complice de cette étrange déception qui accomplit par la servitude, une promesse constitutionnelle de liberté. »

« Dans l'intérêt de la monarchie, dans celui de la paix publique, les yeux fixés sur l'avenir, je vote le rejet, » ajouta Royer-Collard.

Et au scrutin secret, quarante députés, parmi lesquels on vit apparaître B. Constant, Foy, C. Périer, Bignon, Méchin, Etienne, Dupont (de l'Eure), Laffitte, les deux Lafayette, Labbey de Pompières, Manuel, Kératry, refusèrent de voter à cause de son inconstitutionnalité, cette loi du 25 mars 1822, qu'on a invoquée cinq fois à cette audience pour obtenir de vous, messieurs, un verdict de condamnation, que l'honneur comme la conscience vous défendent de prononcer. (Mouvement d'adhésion.)

Messieurs, en déclarant le *Propagateur* non coupable, vous pouvez rendre un grand acte de justice, et prouver, qu'en présence des iniquités du pouvoir, les citoyens ne sont pas obligés de courber la tête et de se taire.

Qu'il est permis, sous la charte-vérité, de prévenir les ministres qu'ils s'écartent de la charte.

Qu'il est permis, sous un gouvernement où la liberté de la presse a été déclarée libre et inviolable, de faire servir cette presse à rappeler les gouvernans à la justice; de leur faire entendre par elle, que les états se perdent qui ne sont gouvernés que par le bon plaisir de l'arbitraire, qui s'écartent des règles de la justice, qui oublient les saintes lois de l'humanité.

Et ne croyez pas, messieurs, que nous ne soyons humains que quand il s'agit de nos amis politiques; que nous n'invoquions la loi que lorsqu'elle protège nous et les nôtres. La justice, nous la voulons pour tous ; la liberté, nous demandons qu'elle protège également tous les citoyens. Je défie ceux qui ont si souvent attaqué le *Propagateur*, de dire qu'il ait jamais réclamé vengeance contre ses ennemis désarmés, qu'il ait jamais insulté à la misère des vaincus.

Que je vous le dise, messieurs, ce n'est pas moi qu'on voudrait précisément atteindre par un verdict de condamnation... c'est le *Propagateur*, ce trouble-sommeil des petits satrapes du pouvoir, ce courageux redresseur des torts envers le pays.

Défenseur des intérêts de tous, le *Propagateur* qu'on vous dit si coupable, si dangereux, n'a-t-il rendu aucun service qui doive lui mériter votre protection, la reconnaissance des citoyens ?

N'empêche-t-il pas bien des abus, par la seule crainte qu'on a qu'il ne les révèle ?

N'a-t-il pas maintes fois empêché l'arbitraire de frapper les citoyens ? N'a-t-il pas fait réparer plus d'une injustice ?

N'est-ce pas lui qui a supporté deux procès pour s'être élevé contre la loi barbare qui faisait de notre France une autre Torride, d'où les malheureux naufragés étaient repoussés sans pitié ?...

N'est-ce pas lui qui a lutté deux mois contre la régie pour empêcher ses exactions envers les planteurs de tabac ?

N'est-ce pas lui qui a fait rendre à de malheureux cantonniers une solde que, depuis trois mois, l'administration leur refusait ?

Ne sont-ce pas ses incessantes réclamations qui viennent, tout dernièrement encore, d'obtenir du conseil général une plus grande répartition de l'impôt, de manière que les quatre arrondissemens de Montreuil, Saint-Pol, Béthune et Saint-Omer ne sont plus surchargés, comme ils l'étaient depuis cinq ans, au profit de Boulogne ?

N'est-ce pas le *Propagateur* encore qui a éventé et fait tomber au néant cette conspiration factice, dans laquelle un préfet et deux gendarmes avaient menteusement englobé quinze de vos plus honorables fonctionnaires, de vos plus dignes concitoyens du département ?

Messieurs, il ne reste plus en France de ce gouvernement représentatif-modèle qu'on nous avait promis, qu'un seul membre qui ait conservé sa vitalité et son indépendance.

La pairie a été ministérialisée par deux fournées de pairs illégalement nommés.

La chambre *improstituée* ne représente que 160,000 individus sur 32,000,000 d'habitans.

Il n'y a plus que la presse qui exprime les opinions du pays, parle à tous, veut les intérêts de tous, le bien-être et la gloire de la patrie.

Détruisez-la par des condamnations, et l'arbitraire et la tyrannie marchent à l'accomplissement de toutes les iniquités.

Remplissez les cabanons de Claireaux, de l'abbaye de Loos, du Mont-Saint-Michel, de tous les écrivains qui n'ont pas vendu leur plume au pouvoir, et vous contenterez nos gouvernans ; car le temps n'est plus où M. Barthe disait qu'à l'avenir les poursuites contre la presse seraient rares ; où M. Guizot offrait des croix d'honneur aux journalistes qui les refusaient, où Louis-Philippe appelait au Palais-Royal et traitait en camarades, Carel et Châtelain, Cavaignac et Dupont ; où M. d'Argout faisait frapper en l'honneur des écrivains patriotes une médaille en bronze, avec l'image de la presse enjambant le monde qu'elle *éclaire en publiant.* (Mouvement.)

Détruisez la presse, et avant qu'il ne soit une année, vous aurez la loi sur l'état de siège, qui remettra votre honneur, votre liberté, votre vie à la disposition des ministres et des préfets ; vous aurez des bastilles à la porte de vos villes ; au lieu des améliorations promises, vous aurez tous les abus de la restauration, sans en avoir pourtant la tranquillité et le repos.

Vous ne livrerez pas la presse aux hommes du roi parce qu'on vous aura dit qu'elle est exagérée et hostile, qu'elle a des inconvéniens, qu'elle est sujette à l'erreur ; car trois ministres du roi lui-même, Humann, Sébastiani, Guizot, ne vous ont-ils pas dit : « que la liberté de la presse avait la vertu admirable de remédier à ses propres inconvéniens — que la publicité était le remède le plus efficace des inconvéniens qu'entraîne la publicité — qu'il n'y a pas enfin de liberté pour la vérité, s'il n'y en a pas pour l'erreur ; qu'il n'y en a pas pour le bien, s'il n'y en a pas pour le mal ; qu'il faut que toutes les forces paraissent ; que c'était là le caractère de notre gouvernement. »

En effet, la presse n'est pas une arme, c'est une idée ; elle ne frappe pas, elle discute. Elle discute des théories politiques auxquelles d'autres théories peuvent répondre ; elle combat la légitimité par l'orléanisme, le républicanisme par la royauté. Elle féconde l'opinion, et ses débats publics la préparent, en définitive, à recevoir la meilleure forme de gouvernement, celle pour laquelle se prononcera la majorité, car ce n'est pas à un roi de dire à tout un peuple : *je veux*, mais au peuple à adopter ce qui lui convient ; à voir si la république ne conviendrait pas mieux à son honneur, à sa gloire, à ses intérêts ; si le temps de cette république annoncée à la France par le captif de Sainte-Hélène, n'est pas bientôt venu ; si le temps de cette république annoncée par Louis-Philippe quand il disait : « Si je deviens roi, la nation prendra tellement les institutions républicaines, que vingt ans après la république sera proclamée : » si les temps de cette république qui fait le bonheur et la prospérité des Etats-Unis n'est pas au moment d'arriver. (Agitation et marque d'assentiment dans tout l'auditoire.)

M. Charles Ledru s'exprime en ces termes :

Messieurs les jurés,

Le *Propagateur* n'a jamais ménagé la faction doctrinaire ; jusqu'à ce jour pourtant, on n'avait pas paru si empressé d'obtenir une condamnation contre lui. On avait suivi, à son égard, la marche usitée en s'adressant d'abord aux magistrats de la chambre du conseil, puis à ceux de la chambre des mises en accusation, qui, d'eux-mêmes, avaient éliminé quelques chefs de prévention, en attendant que l'indépendance du jury fit justice du reste.

Cette fois, au lieu de nous livrer bataille selon les règles, on nous attaque au pas de charge. En vertu d'une loi récente qui, en matière de presse, permet au ministère public de déroger à la loi commune, on nous a assignés directement devant vous. Aussi, comme on était débarrassé de tout contrôle, libre dans son allure, sans frein dans son zèle, s'est-on donné pleine carrière.

Dans la crainte d'oublier un seul chef de prévention, on a pris la précaution de nous accuser, sans façon, de tous les délits prévus par le Code pénal. Excitation à la haine et au mépris du gouvernement du roi, offense à la personne du roi, attaque à l'inviolabilité de la personne du roi, excitation à la haine et au mépris de la magistrature royale.

Rien n'y manque. On croirait, s'il s'agissait de fonctions moins graves, que le rédacteur de l'acte d'accusation se soit dit, à l'imitation d'un personnage célèbre dans la fable,

> . . . . Degeorge sera bien habile,
> S'il ne m'en laisse assez pour avoir..... la prison. (On rit.)

Quoi qu'il en soit, le *Propagateur* conserve à cette audience la même confiance que par le passé. On incrimine six articles? peu importe. On pouvait tout aussi bien vous en déférer cent. Qui lit un numéro du journal les a lus tous. Partout la même pensée, pensée toute nationale, qui peut se résumer en ces mots : « *Tout pour la France, sa liberté, sa gloire.* »

Quand on a adopté pour règle de conduite une pareille devise, et que, comme Degeorge, on y est resté fidèle pendant quinze ans, au péril même de sa tête, on ne s'embarrasse guère s'il peut en advenir amende ou prison. Aussi, croyez-le bien, ce n'est pas là ce qui l'occupe à cette audience. Ce qui lui importe, c'est de comparaître devant ces concitoyens dans toute la dignité de son caractère.

N'attendez donc de nous ni faux-fuyans, ni réticences, mais une justification puisée dans la morale et dans le droit. Le moyen d'être bien compris quand on s'adresse à d'honnêtes gens, c'est de leur parler la main sur la conscience. Ce sera notre langage avec vous. Avec des intentions comme les nôtres, on ne craint rien, par conséquent on n'a rien à dissimuler.

Vous aussi, Messieurs les jurés, vous avez une haute mission à remplir; car ce sont les questions les plus importantes de l'ordre moral et politique qui sont soumises à votre examen.

Le ministère public les a abordées le premier, et, pour parler sans détour, je dois avouer que nous avons été profondément affligés de l'entendre exposer des théories fatales à l'honneur et à la liberté du pays. L'intérêt de la défense nous oblige à les combattre sans pitié. Dans cette lutte, il y aura cette différence entre notre contradicteur et nous, que, nous élevant contre un système funeste, nous savons bien n'exposer à aucun châtiment l'orateur qui n'a pas craint de le produire au milieu de la publicité de cette audience (On rit). Pour l'accusé, il n'en est pas de même. Vainqueur, on permettra à Degeorge de reprendre la diligence *à ses frais.* (On rit de nouveau). Vaincu, un père de famille sera enlevé à sa femme, à ses enfans, à sa vieille mère, pour aller aussi

> . . . . Expier en prison
> L'impardonnable tort d'avoir *cent fois* raison.

Spectacle étrange qu'un procès de la presse! Là, siège une opinion; ici, à mes côtés, une autre opinion non moins invariable, non moins consciencieuse. Si c'est l'une qui se trompe, la loi l'absout; si c'est l'autre, l'erreur est punie par la ruine et par la perte de la liberté.

En cela cependant, rien de nouveau. Je ne sache pas que depuis quatre mille ans il y ait une seule vérité, religieuse, politique ou morale, dont les apôtres n'aient été en même temps les martyrs. Ici bas, à chacun son rôle; aux uns de persécuter, aux autres de souffrir au nom de la conscience et de la dignité humaines. (Mouvement.)

Degeorge ne se plaint pas de son lot. Et en vérité il lui siérait mal de se plaindre. Tout le mal qu'on peut lui faire ne va pas bien loin, tandis qu'au moment où je parle des milliers de victimes, dont le seul crime est d'aimer comme nous la liberté, tendent silencieusement la gorge aux bourreaux.

A ces braves gens qui meurent en Pologne, en Piémont, en Italie, pas de consolations! pas un ami pour les défendre! C'est à peine si, avant de les exécuter, on a le temps de leur infliger des juges.

Ici, au contraire (et ce n'est pas une concession du pouvoir, mais notre conquête), l'accusé, assis au milieu de ses amis, protégé par la publicité des débats, met son honneur et le cri de son patriotisme sous la sauve-garde du jury. J'avais donc raison de le dire, c'est avec confiance que Degeorge paraît devant vous.

D'autres croiraient peut-être devoir signaler comme chose légale, il est vrai, mais contraire aux plus simples notions de la justice, que la liste des jurés appelés à nous juger ait été dressée par les soins du pouvoir même qui nous accuse. Moi, je dis tant mieux! cela prouve que dans ce département, auquel je suis fier d'appartenir, on ne pouvait faire, dans les opinions les plus diverses, que des choix honorables; et ce sera une raison nouvelle pour que vos concitoyens répètent avec plus d'orgueil encore vos douze noms, quand bientôt ils vont briller de l'éclat d'une belle action et d'une noble indépendance. (Marques d'assentiment.)

Pour le moment, veuillez suivre ma discussion avec bienveillance. Votre attention abrégera ma tâche, qui est lourde, car on a engagé le combat sur un large front.

Le premier article incriminé est celui qui a pour titre « *l'acquittement de M. Cabet est un acte d'accusation contre le pouvoir.* »

M. Cabet a fait un livre pour prouver :

Que la Charte de 1830 est illégale ;

Que la royauté de S. M. citoyenne est dépourvue de titres ;

Que le gouvernement, dirigé par le roi lui-même, ne procède que par la ruse, le mensonge, la corruption ; par la police qui trompe et les violences qui tuent ; par le mépris des lois, des chambres oppressives et complices, les émeutes et les combats provoqués par les agens du pouvoir ;

Que c'est une coterie dirigée par les roués de la police et de la diplomatie qui escamota la victoire de juillet ;

Qu'après deux ans de règne, Louis-Philippe a déchiré la Charte aussi manifestement et plus manifestement que Charles X ;

Que S. M. fait aujourd'hui partie de la sainte-alliance, redoutant la liberté autant et plus que les autres rois ; que, sacrifiant tout à la crainte de la guerre, le roi coopère avec eux à l'oppression de l'Europe ;

Que le système suivi depuis le 1er août est le système personnel du roi ; qu'il n'y a pas de ministres, qu'un seul homme gouverne ;

Voici le résumé fidèle de ce livre.

Son auteur fut traduit devant la cour d'assises de la Seine, où il obtint un verdict d'acquittement.

L'organe de l'accusation a cru écarter victorieusement les considérations puissantes qui résultent de ce verdict, en indiquant que M. Cabet ne l'eût probablement pas obtenu, s'il n'avait fait valoir des moyens d'excuse, au lieu d'aborder le fond de la cause. Il aurait tiré ce moyen d'excuse de *sa qualité de député.*

Ce système du ministère public n'est assurément pas maladroit, il serait même assez habile..... s'il ne reposait pas sur un fait complètement faux.

M. l'avocat-général qui soutint l'accusation à Paris, était si peu de l'avis de M. le substitut, que son principal argument contre M. Cabet était puisé dans la qualité de député. Voici en effet les termes dont il s'est servi, car nous connaissions aussi ce réquisitoire.

« Ne pensez-vous pas que celui dont la mission était plus élevée en devient d'autant plus coupable, quand il brise le joug salutaire des lois ? ».

Vous voyez donc, dit Me Ledru, que les opinions des parquets ne sont pas entièrement homogènes, et qu'il y a controverse entre Saint-Omer et la capitale. (On rit.)

M. Cabet a donc été bien et dûment acquitté, le procès a été jugé *au fond.*

Les journaux ne manquèrent pas de rendre compte, chacun à sa manière, d'une affaire si grave. Inutile de dire que l'honorable député devint aussitôt l'objet des insultes de la presse ministérielle. Une feuille payée pour avoir de l'esprit s'avisa, pour attaquer la chose jugée, d'un moyen assez curieux. Elle soutint que le jury s'était trompé, et cela parce que M. Cabet était un ivrogne. (On rit.) Or, le fait est que M. Cabet, représentant d'un pays vignoble, ne boit que de l'eau. (Rire général.)

Aucun des journaux qui attaquaient, dans la personne de M. Cabet, la chose jugée et le respect dû au jury, n'a été traduit devant les assises, cela va sans dire ; et c'est une réflexion que M. l'avocat du Roi pourrait ajouter au magnifique éloge qu'il vient de faire de l'impartialité de la magistrature.

Cependant d'autres journaux eurent l'imprudence de croire qu'un verdict de jury était chose respectable, et qu'on pouvait aller jusqu'à l'approuver. C'est ce qu'a fait le *Propagateur.* Son délit est donc de ne s'être pas mis à l'unisson de ceux qui outrageaient les décisions de la justice. Le voilà, ni plus ni moins.

Cela vous étonne, messieurs, il y a de quoi en bonne conscience. Un mot d'explication et vous comprendrez. Le verdict rendu dans cette affaire avait de telles conséquences qu'il fallait à toute force l'annuler. Or, voici la petite ruse de guerre employée à cet effet : parbleu ! s'est dit quelque tête carrée du juste-milieu, il n'y a qu'a faire juger la même question par un autre jury ; un jury de *province* serait sans doute plus facile. Les journaux des départemens parleront de l'affaire... Vite un procès !

A la bonne heure, mais pour consommer la ruse, il fallait charger de cette commission quelque arrondissement de la Basse-Bretagne. (On rit.) Les gens qui ont cru pouvoir s'adresser à vous pour vous faire jouer un pareil rôle ne connaissent pas ce département... Messieurs, vous leur apprendrez que vous ne méritez pas cet injurieux privilège, et qu'une autre fois ils devront s'adresser ailleurs.

L'orateur du ministère public ajoute que Degeorge ne s'est pas contenté de rapporter les accusations dirigées par M. Cabet contre le gouvernement, et *d'approuver le verdict*, mais qu'il avait lui-même, à l'occasion de cette affaire, donné son avis sur la marche du gouvernement et de son chef, avis injurieux, calomnieux, etc., etc.

Entendons nous. Degeorge est parti de ce point que le jury avait eu raison d'acquitter ; et, comme le jury avait eu ses motifs pour en agir ainsi, Degeorge a examiné, puis approuvé ces motifs. Mais c'est toujours la question, de savoir si, lorsque d'une part il est licite d'insulter un jury, il est permis d'une autre part de s'en constituer le défenseur. Il n'y a rien qui puisse prévaloir contre cette logique de droiture et de bon sens.

On l'a bien senti, et aussi pour échapper à une argumentation invincible, on vient de soutenir que d'ailleurs, dans l'espèce, la chose jugée ne profitait qu'à M. Cabet, partie intéressée.

Erreur, M. l'avocat du roi, erreur! Dans toute accusation, la chose jugée peut être invoquée par tout le monde, car tout le monde est partie au procès. L'accusé d'une part; de l'autre la *société*, par le ministère public qui en est le représentant.

C'est en matière de presse surtout que cette vérité est sensible. Car ce n'est pas seulement le *prévenu* que le jury acquitte ou condamne, mais *l'écrit*. En cas d'acquittement, il faut, en dépit de tous les réquisitoires et de leur morale, que le livre ait aussi sa liberté. La main-levée de la saisie est ordonnée, ce qui implique que tout le monde peut le lire, qu'on peut le reproduire à mille, dix mille, cent-mille, à un million et plus d'exemplaires. Et par exemple, l'ouvrage de M. Cabet, toutes ces accusations contre le roi lui-même, accusations de ruse, perfidie, corruption, circulent aujourd'hui sous forme in-12, à très bon compte, dans toute la France. Tout le monde en demande... (On rit). La loi n'a rien à y faire, et aussi en prend-on son parti. Et ce qui est permis de dire à 100,000 exemplaires, on ne pourrait le *tirer* dans un journal à 12 ou 15 cents ! Si cela est vrai, c'est que la logique est fausse, et jusqu'à preuve contraire, nous tenons provisoirement pour la logique. (On rit.)

Mais, dit-on, comment le gouvernement peut-il subsister, s'il est permis d'imprimer impunément de pareilles choses ? Ces considérations ne sont pas neuves ; c'étaient celles que M. l'avocat-général faisait valoir devant le jury de la Seine. Au nom de l'ordre, au nom de la paix, au nom de la dynastie qui a eu la bonté d'accepter le trône de France, on demandait une condamnation. Le jury, qui est sévère quand il juge ce qu'on appelle les *émeutiers*, a répondu : Non ! nous ne condamnerons pas la presse ; ce qui veut dire : nous ne condamnerons pas, car nous pensons tout bas ce qu'elle proclame tout haut, et si un nouveau gouvernement ne peut pas tenir devant de pareilles accusations, nous croyons, nous, *qu'il ne doit pas tenir quand il les mérite*. Qu'il cesse donc de les mériter, alors nous viendrons à son secours par des verdicts contraires.

Cette fin de non recevoir suffirait pour la justification de Degeorge ; il a été de l'avis de la chose jugée ; là se bornerait le procès, quant au premier article.

Mais, je vous l'ai annoncé, la défense accepte une autre position ; elle ne veut pas excuser, mais justifier. J'aborde donc le fond.

Je remarque d'abord dans l'article une épithète qui est bien innocente. On a dit que la charte était *bâclée* ; c'était sans doute faute d'autre expression, et pour mon compte je n'en trouverais pas de meilleure. On ne peut pas désormais appeler la charte de 1830, charte-*vérité*... Ce serait une très mauvaise et impertinente plaisanterie dont l'orateur de l'accusation s'est bien gardé. Personne ne soutiendrait en bonne conscience que le pacte fondamental a été soigneusement élaboré... Je crois donc que M. le substitut sera de mon avis, et que la charte bâclée est le mot propre. (On rit.) Cependant Châteaubriant avait mieux dit encore, sans offenser les susceptibilités du parquet. Voici les expressions du grand et loyal écrivain :

« C'est une moquerie qu'une monarchie achevée à Paris *en trois coups*
» *de rabot, dans une arrière-boutique*, (On rit) au nom de trente-trois mil-
» lions d'individus, qui n'en savaient rien. On leur apprenait, à leur
» grand ébahissement, par le télégraphe, qu'ils venaient de se faire à
» eux-mêmes le don gracieux d'une charte et d'un roi. » Charte bâclée
» résume tout cela, moins l'éloquence.

Je ne justifierai pas Degeorge d'avoir dit que la Charte avait été outragée, violée. J'aurais répondu, si on avait appuyé sur cette accusation, que, d'après l'autorité de M. Thiers, cette violation est licite. Il ne s'agit que de l'avouer avec franchise : le tout est dans la manière de s'y prendre. Mais je veux être à cet égard aussi discret que M. le substitut, qui n'a pas cru devoir prendre sous sa protection la virginité de cette pauvre charte; elle lui a paru sans doute dans la situation de ces filles honnêtes à qui des malheurs sont arrivés. (On rit.) Le meilleur service qu'on puisse leur rendre, c'est de ne pas se constituer les champions de leur vertu. (Rire général.)

L'orateur de l'accusation s'est placé sur un terrain plus digne de son ministère. Il s'est demandé s'il était permis d'accuser un gouvernement et le roi lui-même de n'agir que par la ruse, la corruption, le mensonge, de n'être que le complice de la sainte-alliance.

Certes, je l'avoue moi-même, l'accusation est grave. S'il y a des points sur lesquels les partis sont divisés, il y en a d'autres sur lesquels les honnêtes gens de tous les partis sont d'accord; car je suis de ceux qui croient, et je l'ai déjà dit, « qu'il y a de l'honneur sous toutes les tentes. » Toutes les opinions flétrissent la ruse, la corruption, le mensonge, car toutes repoussent l'ignominie.

Toutefois, je n'accorderai pas au ministère public que, par cela seul qu'une accusation est grave, il soit interdit de la porter; c'est au contraire parce qu'un fait serait plus immoral, qu'il importerait davantage de le signaler et de le flétrir.

A quoi tend le système contraire? Il serait permis de s'occuper dans un journal des peccadilles du pouvoir; on autoriserait un écrivain à raconter quelque petite lâcheté, quelque petite intrigue de M. le maire ou de M. le sous-préfet : mais, en présence d'une grande indignité, il faudrait se voiler par pudeur? Y pensez-vous? Si c'est à cette ignoble comédie que vous voulez réduire la liberté de la presse, mieux vaudrait mille fois la censure, car il y aurait l'hypocrisie de moins.

Nous croyons, nous, au contraire, que l'honnêteté la plus vulgaire se refuse à ces transactions misérables. Ce n'est pas nous, pour cela, qui excitons au mépris et à la haine, mais la conduite de ceux qui ne peuvent être exposés au grand jour sans encourir haine et mépris. Toute la question est donc dans l'examen des faits. Si les faits sont faux, il faut punir sévèrement le calomniateur; s'ils sont vrais, le journaliste ne vous demande pas récompense, mais au moins dispensez-le de vos réquisitoires. (On rit.)

Ces principes posés, j'examine si en effet le gouvernement du 9 août procède autrement que par la ruse, le mensonge, la corruption. Point de phrases de ma part, point de ces déclamations anarchiques qui déplaisent à M. le substitut du procureur du roi. Je suivrai à la lettre la règle posée par le ministère public en ces termes. « *Discuter, on le peut; outrager,* » *on ne le peut pas.* »

Au lieu donc de reproches généraux et vagues, j'aborde des faits positifs, mais je les aborde preuves en mains. Il s'agit de la conduite de notre gouvernement envers l'Italie et la Pologne. Veuillez suivre avec patience quelques détails : si je commets une seule erreur, M. l'avocat du roi m'arrêtera, car je porte une accusation terrible, et, pour me justifier, il faut qu'elle soit bien vraie.

Au moment de la révolution de juillet, de nombreux exilés Italiens résidaient en France. A notre exemple, ils voulurent affranchir leur patrie. Bientôt les états de Modène, de Parme, de Bologne furent prêts pour l'insurrection. Ils ne demandaient à la France aucun secours..... Seulement, avant de lever l'étendard révolutionnaire, ils voulaient être sûrs de la non-intervention de l'Autriche.

Le gouvernement de Louis-Philippe proclama le principe de la non-intervention. Dans la séance du 1er décembre 1830, le président du conseil des ministres s'exprimait ainsi :

« La France ne permettra pas que le principe de la non-intervention
» soit violé. — Si la guerre devient inévitable, il sera prouvé à la face du
» monde que nous ne l'avons faite que parce qu'on nous mettait entre
» la guerre et l'abandon de nos principes. »

M. le maréchal Soult disait, le 8 décembre, à la chambre des pairs, que le gouvernement avait l'inébranlable volonté de maintenir ces principes *immuables*.

Enfin, un puissant orateur, qui ne passe pas pour avoir des dispositions bien guerrières, M. Dupin (on rit) allait plus loin encore : « La
» France, disait-il, en se renfermant dans son froid égoïsme, aurait
» pu dire qu'elle n'interviendrait pas. *Cela pouvait être une lâcheté.*
» Mais dire qu'elle ne souffrira pas qu'on intervienne, c'est la plus no-
» ble attitude que puisse prendre un peuple généreux. »

Ce langage était bien fait pour exciter le courage des patriotes italiens.

Deux de leurs représentans en France, MM. Misley et Linati, furent chargés de savoir du ministre lui-même si c'était autre chose que de vaines paroles. M. Sébastiani leur répond : « si l'Autriche intervient, une armée entre en Italie. »

MM. Misley et Linati rendent compte au général Lafayette des assurances positives qui leur étaient données. « c'est très bien, dit le géné-
» ral, mais je désire que Sébastiani me confirme à moi-même ces pro-
» messes. »

Le 10 janvier 1831, le général voit M. Sébastiani, qui lui demande deux jours, et qui répond, quand le délai est expiré, qu'il n'y aura pas d'intervention.

Les réfugiés ne voulaient rien de plus positif ; néanmoins le général, soupçonnant dès-lors qu'avec certaines notabilités deux sûretés en valent mieux qu'une, annonce à M. Misley qu'il se propose, pour dissiper tous les doutes, d'interpeller Sébastiani à la tribune. En effet. *trois fois* il interpelle publiquement le ministre, et trois fois il obtient l'assentiment officiel du gouvernement.

Ce n'est pas tout. Le général, qui dans ce temps-là avait ses entrées chez le roi citoyen, s'adresse à un auguste personnage, que les convenances m'empêchent de nommer. (On rit.) « Avez-vous lu mon discours?
» — Assurément oui. — Il a donc obtenu votre assentiment? — Sans
» nul doute. »

Le général pourvu de tant de paroles données, ne fait pas plus longtemps au pouvoir l'injure de douter de sa bonne foi. L'insurrection qui, depuis un mois, était ajournée de jour en jour, éclate du 3 au 10 février à Modène, à Parme, à Bologne, à Ancône.

Pendant que notre langage officiel proclamait le système de non-intervention, une diplomatie occulte avait dit à l'Autriche : « N'en croyez
» pas un mot... et si vous voulez intervenir, ne vous gênez pas. » En effet, les troupes de l'empereur s'avancent d'abord sur Modène sous prétexte de je ne sais quel droit de reversibilité. Au même instant une police, dont le chef est un très haut et très excellent personnage, faisait arrêter sur la frontière les réfugiés : le général Bachelu saisissait leur dépôt d'armes et dispersait à Lyon leur comité.

Les Bolonais qui ignoraient ces trahisons poussent le respect pour la France et le principe de non-intervention qu'elle avait proclamé jusqu'à rester inactifs en présence de la marche des Autrichiens sur Modène et Parme. Attaqués à leur tour, ils sortent de leur rêve pour courir aux armes. Arrive l'ambassadeur de France à leurs avant-postes. « Pourquoi » vous battre? dit M. de Saint-Aulaire, la France ne vous soutiendra » pas. Mes instructions sont conformes à la conduite des Autrichiens. » Loin de se décourager à la vue de tant de duplicité, les patriotes font des marques de bravoure. A la tête de 2 ou 300 hommes, le capitaine Morcandi arrête pendant plusieurs jours, à Novi, 14,000 Autrichiens. Tous épuisent leurs munitions avant de se rendre : mais pour eux point de quartier... Ils sont tués jusqu'au dernier à la baïonnette. Vous savez le reste, les massacres de Césène et de Forly; les supplices de Borelli et de ce Menotti qui deux fois avait sauvé la vie au duc de Modène... Mais contre qui tout ce sang criera-t-il vengeance? (Mouvement.) Défenseur de la morale et de la loi, écoutez : voici des faits, vous n'en démentirez pas un seul.

Sachez-le : ces insurgés Italiens étaient livrés par le gouvernement à la diplomatie de l'Autriche, et cependant M. Laffitte, président du conseil et le général Maison, ambassadeur de France à Vienne, ignoraient ce pacte horrible.

Ce dernier, au contraire, avait envoyé à la hâte une dépêche pour nous avertir des dispositions de l'empereur. Cette dépêche arrive le 4 mars à l'hôtel du ministre des affaires étrangères. Le 5, le 6, le 7... Laffitte l'ignore encore. C'est le 8 seulement que le matin, lisant *le National*, il apprend qu'on l'a indignement trompé... Il court au Palais-Royal... « Sire, connaissez-vous la dépêche?... — Oui. — On me l'a ca- » chée... Il y a trahison. »

Tout se dévoile! Laffitte avait prêté la popularité de son nom à ces ingrats, mais on apprend qu'à son insu, le 24 février, Soult ordonnait d'arrêter en Corse ces mêmes insurgés dont on excitait officiellement le courage. On apprend que Sébastiani faisait porter par le télégraphe des paroles dont voici le texte : « Agissez avec promptitude, énergie, » efficacité. La Corse doit être un appui et non un sujet d'inquiétude » pour les gouvernemens d'Italie... Faites savoir à mes amis que je ne » saurai douter de leur coopération dans une affaire aussi importante. »

Bientôt on sait aussi que *dès le 24 février* le colonel Ravinetti écrivait aux troupes papales.

« Bonnes nouvelles! le roi de France, par un courrier exprès, donne » l'assurance de *sa protection* et de *son intervention*. »

Cette lettre était publiée le 24 février en Italie : celle de Paris date donc du jour et de l'heure même de l'insurrection *que nous avions faite*.

Et qu'on ne dise pas que les paroles du colonel Ravinetti sont supposées; que c'est une affreuse calomnie... Je vous l'ai dit, je parle *le Moniteur* à la main.

Or, il est écrit dans la note de M. de Saint-Aulaire au cardinal Bernetti : « *Qu'aussitôt* que le roi très chrétien fut informé de la révolte qui » venait d'éclater à Bologne... il se déclara contre les révolutionnaires. »

Ainsi donc, et je vous le répète, ce ne sont pas là des déclamations, mais des faits authentiques; il reste démontré qu'au moment où le gouvernement officiel proclamait la non-intervention et mettait les armes aux mains des insurgés d'Italie, un bras puissant et occulte les jetait aux pieds de l'Autriche, chargée, elle, de frapper à mort ce qu'on appelait dans l'intimité l'hydre révolutionnaire.

Orateur du ministère public, qu'en pensez-vous? est-ce là de la dis-simulation, de la ruse, du mensonge? Vous ne pouvez le nier en con-science, et cependant, parce que nous livrons au mépris public de telles infamies, vous nous représentez comme des anarchistes, des perturba-teurs! Vous parlez de république terroriste de 93! réfléchissez-y : ce n'est pas sur nous que tombent les foudres de votre éloquence... Elles frappent plus haut. Quatre-vingt-treize ne nous a pas connus, car nous n'étions pas nés ; et aucun des nôtres, que je sache, n'a déposé son vote dans l'urne qui reçut ceux des Carrier, des Marrat, des Robespierre et des Philippe-Egalité : (Mouvement profond dans tout l'auditoire.)

Les hommes du 9 août sont d'insignes imposteurs : c'est chose bien convenue. Encore s'ils n'avaient rusé que pour immoler des révolution-naires, il y a des gens qui le leur pardonneraient de grand cœur.

Mais qui le croirait? ils ont poussé le besoin de la perfidie jusqu'à vouloir attraper le Saint-Père lui-même, qui est infaillible. (Rire géné-ral.) Et voici comme.

Les insurgés livrés à la justice monacale s'excusaient tous en disant que le gouvernement français les avait précipités dans l'abîme : qu'il leur avait fourni de l'argent, des armes, etc. C'était là un sujet de repro-ches très vifs contre nous. M. de Saint-Aulaire, pour disculper tout-à-fait la royauté citoyenne, signa de sa propre main, que ces reproches n'étaient pas fondés : c'était la preuve écrite d'un gros mensonge.

Le Saint-Père qui savait à quoi s'en tenir, joua de son côté un fort joli tour à M. de Saint-Aulaire, et certes de sa part il n'y avait que très légitimes représailles.

Je suis heureux, dit-il, de voir la France en si bonnes dispositions : eh bien! puisque vous détestez comme nous les révolutionnaires, j'exige que votre gouvernement les livre à *l'exécration*.

L'ambassadeur oubliant peut-être qu'il représentait à Rome S. M. Louis-Philippe, c'est-à-dire un roi dont la légitimité a pour berceau les pavés et les barricades, donna tête baissée dans le piège, et dans l'intérêt de l'ordre, il s'empressa de publier une circulaire contre les révolution-naires et ceux qui les exploitent, c'est-à-dire, contre son roi lui-même.

Depuis lors, S. M. Louis-Philippe et notre Saint-Père vécurent tou-jours en bonne intelligence. (On rit.)

Tout souillé du meurtre de l'Italie, le 9 août n'avait plus rien à refu-ser à la Sainte-Alliance. C'est la Pologne qu'il se chargea de mettre aux pieds du Czar, pour obtenir de l'autocrate la permission de vivre.

Je ne veux pas réveiller vos douleurs en racontant cette longue agonie de tout un peuple. Je ne viens pas même soutenir qu'il était de l'hon-neur de la France de secourir cette poignée de braves qui s'étaient le-vés pour nous à l'avant-garde. Toutes les idées de moralité et de dignité nationales ont été tellement obscurcies, qu'on soutiendrait peut-être de-vant vous qu'une grande nation peut bien se laisser protéger par une nation de quelques millions d'âmes, sans que la réciprocité soit une obli-gation pour elle. Mais si on voulait laisser succomber la Pologne, au moins ne fallait-il pas la livrer à l'aide d'un guet-à-pens.

Cependant, après des manœuvres savantes pendant six mois, le géné-ralissime Skrinecki allait donner une bataille décisive. L'armée russe était coupée, la saison d'automne arrivait, et la Pologne avait une année de plus pour respirer.

C'est alors que Sébastiani, jusques là insensible aux supplications

des envoyés Polonais , envoie à Varsovie un message auquel il donne
20,000 fr. pour sa route. Il faut tenir deux mois sans livrer bataille, dit
le message; c'est tout le temps nécessaire pour des négociations qui ga-
rantiront le salut de la Pologne

Skrinecki ne soupçonne aucune fraude... car il croit que c'est la
France qui parle par la bouche du ministre... il refuse le combat malgré
les instances de la diète.

Cependant le conseil de guerre donne de nouveaux ordres : il veut
que l'on combatte. Tout était prêt. Une bataille allait être livrée à So-
chalchew... lorsqu'arrive une seconde dépêche portant les mêmes instructions.

« Trompé par ces promesses (dit la circulaire du ministre des affaires
» étrangères de la Pologne à la légation polonaise), le général en chef
» ne cherchait qu'à gagner du temps. »

On crie à la trahison! la diète veut à toute force le combat. Le géné-
ralissime est révoqué; Krukowiski le remplace. Mais l'armée russe avait
effectué son mouvement, l'assaut est livré... Varsovie succombe.

Le ministre du roi a annoncé à la France cette fatale nouvelle en
quelques mots qui sont tout un système :

« *L'ordre règne maintenant à Varsovie.* »

Modérés, amis de la paix, qui, sans cesse, nous jetez à la tête le souvenir des révolutions, savez-vous ce que c'est que *cet ordre?*

Lisez les récits officiels ! de pauvres enfans de tout sexe enlevés à leurs
mères, dès l'âge de sept ans, jetés pêle-mêle sur des chariots comme
des animaux; puis vendus à des juifs ou transportés en Sibérie... Voilà
l'ordre, et... demandez à vos mères ce qu'elles pensent des hommes
moraux qui le sanctifient !

Et qu'on ne dise pas que le gouvernement est lui-même indigné de
ces atrocités royales.. car si le czar tue les mères, que fait-on ici de ceux
de leurs pères qui, tout couverts de glorieuses plaies, se sont traînés jusqu'à la frontière de France? Les uns poursuivis sans relâche par la police
que le pouvoir n'a pas même l'honneur de diriger (car elle prend son
mot d'ordre à Saint-Pétersbourg), sont réduits, pour mourir libres, à se
donner la mort! Les autres, traqués de dépôt en dépôt, sont soumis à
des traitemens si iniques, que des villes tout entières se soulèvent, comme un seul homme, pour protester contre la violation des lois divines et
humaines. Lelewel, lui-même, son illustration, sa gloire européenne ne
le protége pas! Des sbires l'arrachent à la solitude de Lagrange, à ce
sanctuaire où repose Lafayette.

Orateur de l'accusation, vous vouliez des faits, en voilà. Je ne crains
pas, moi, que vous fassiez des réquisitoires contre celui qui vous les dénonce. Eh bien! s'ils sont vrais, le gouvernement qui en est coupable
a-t-il le droit de se plaindre de nos accusations?

Regardez derrière moi. Voici la sellette où viennent s'asseoir les malheureux que vous accablez d'indignation quand l'ignorance et la misère
les ont poussés au crime. Cette morale que vous invoquez si haut contre
ces infortunés, ne vous dit-elle pas aussi que les lois de l'hospitalité
sont des lois aussi saintes que toutes celles de votre code pénal? Que le
complice des cruautés du Czar est aussi coupable devant Dieu que le
Czar lui-même. Cependant c'est nous que vous accusez parce que nous
arrachons à de grands criminels le voile d'innocence dont ils s'envelop-

pent... Eh bien ! oui, je vous le dis : ceux que vous défendez ne valent pas mieux que le bourreau moscovite... Je me trompe, dans l'estime des peuples, il y a quelqu'un au-dessous du bourreau lui-même : c'est son valet. (Sensation profonde dans tout l'auditoire.)

M. Cabet n'a pas seulement accusé le gouvernement de n'agir que par la dissimulation, il a dit encore qu'il ne marchait qu'à l'aide de la *police qui trompe et de la violence qui tue.*

A l'occasion d'un fait qui prouve ces odieuses violences, M. l'avocat du roi a fait des réserves contre Degeorge. Eh bien! il n'en fera pas contre moi, et cependant je vais lui rappeler des détails bien autrement positifs. Oui, des embrigademens de faux ouvriers eurent lieu le 14 juillet 1831, à l'effet *d'assommer* les jeunes gens porteurs de cocardes tricolores et de chapeaux gris. Ces embrigademens étaient organisés non point par la police légale que dirigeait alors un honnête homme, mais par une autre police dont le chef se signale, ainsi qu'on vous l'a dit, par une immense cocarde à son feutre. (On rit.)

Le National avait dénoncé ces infamies. On lui fit un procès : car, lorsqu'on n'a rien à répondre, c'est aux procès qu'on a recours. Les débats d'audience justifièrent l'article incriminé. Je les connais; j'avais l'honneur de plaider dans cette cause avec Odilon-Barrot. Or, il y fut établi qu'un des instrumens de la police du château était un certain Armand; que du groupe des agens de police, cet assommeur se jetait comme sur une proie sur les malheureux jeunes gens désignés à sa cruauté; qu'il les enlevaient pour venir les jeter aux pieds des autres agens qui le renvoyaient à cette chasse humaine, en lui disant comme à un chien... *Va, apporte.* (Mouvement profond.)

Pour prix de tant d'exploits, Armand ne vint pas figurer sur les bancs des assises; aucune voix dans la magistrature ne s'éleva contre ce cannibale bien pensant... Bien loin d'être puni, il fut reçu agent de police en titre dans la brigade du fameux Léautaud. Le soldat était digne du général.

On a nié les violences, niera-t-on aussi les conspirations factices? Quoi! ce n'est pas une œuvre de police, cette conspiration des tours Notre-Dame, si bien connue à l'avance que le *Morning-Chronicle* en rendait compte à Londres deux jours avant qu'elle n'eût éclaté à Paris? (On rit.) Mais nous avons vu et entendu Pernot, le fabricateur et le révélateur du complot. C'est encore là un personnage désormais historique. Il figure comme type de la pureté du gouvernement à côté de Colette et Catineau, ces deux honnêtes criminels qui préservèrent la vie si précieuse de Louis-Philippe, le jour où fut tiré sur Sa Majesté un coup de pistolet qui ne blessa personne et dont on causait beaucoup aux Tuileries une heure avant l'explosion. (On rit.)

A voir l'indignation du ministère public, on dirait qu'il est bien peu au courant de notre histoire contemporaine. Cependant, s'il n'aime pas les révélations des bouches profanes, qu'il se rappelle les paroles d'un procureur-général qui abdiqua ses fonctions pour rester honnête-homme. Me Joly, plaidant pour Bergeron dans cette affaire du coup de pistolet, a fait l'inventaire des prouesses de la police. Il en résulte, entr'autres choses, que toutes les émeutes ont été dans la main du pouvoir un moyen de gouvernement, et que c'est lui qui s'est chargé de les faire éclore, grandir et cesser à propos. Le 5 septembre 1830, *émeute,* c'était la veille du jour où la révolution de juillet obtint pour représentant le

3

vertueux Talleyrand. (On rit.) Lafayette et Dupont se retirent le lendemain d'une émeute. La veille du fameux ordre du jour motivé, émeute. La session qui devait commencer par la mise en accusation du pouvoir violateur de la charte en juin, violateur de toutes les lois envers la duchesse de Berry, devient tout à coup pécuniaire et ministérielle par le bienfait du coup de pistolet! Qui eût voulu faire de l'opposition contre un monarque presque assassiné et miraculeusement conservé à l'amour de ses *sujets*? (On rit.) Violences, conspirations factices, émeutes, le résumé de tout cela c'est la corruption.

La corruption, voilà le mot d'ordre et le moyen avoué de ces honnêtes personnages qui ne veulent pas qu'on suspecte leur candeur et leur loyauté. Ce n'est pas un républicain, c'est un des plus grands hommes du juste-milieu, c'est son orateur privilégié, M. Viennet, qui la proclame : » Voulez-vous vaincre une conscience rebelle? disait le chantre harmo- » nieux des mules... C'est bien facile. Toutes les portes s'ouvrent : il ne » s'agit que d'avoir la clé. (On rit.) Or j'ai fait sur moi-même l'expérience » que rien ne résiste à la clé d'or. »

La clé d'or... L'entendez-vous? Mettez à côté de cela : « *La légalité* » *nous tue* » et vous avez le système complet. Avec de pareils axiômes on n'est jamais arrêté dans sa marche. La loi, on la viole; les consciences, on les achète, avec la sienne pour tarif. Les voyez-vous à l'œuvre? une femme les importune, ils la brocantent. C'est un juif qui est leur courtier. Le prix est cinq cent mille francs que Deutz a partagé, dit-on, avec quelqu'un. Cette femme est accusée d'avoir apporté la guerre civile en France; c'est un crime prévu par les lois : elle doit donc être jugée? Nullement. La dynastie n'a pas besoin d'un procès qui serait d'un mauvais exemple. Mais si on déshonorait aux yeux de la France et de l'Europe la nièce du roi des Français, ce serait chose utile à la royauté citoyenne... Si c'est utile, c'est fait... Et aussitôt le télégraphe va apprendre au monde entier qu'il est sur la terre une famille assez malheureuse pour qu'au lieu de cacher le déshonneur des siens, on le proclame sans pudeur, comme une bonne affaire? Organe de la morale et des lois, est-ce là une calomnie? je vous le demande, répondez. Et si je ne calomnie pas, qu'est-ce donc que ce cynisme qui, après avoir été le scandale de toute une nation, s'étonne qu'on ne lui décerne pas des prix de vertu? (Sensation profonde.)

Après l'examen du premier article, Me Ch. Ledru arrive à la discussion de l'article ayant pour titre « L'INVIOLABILITÉ ROYALE. » l'avocat analyse l'article du *Propagateur*.

Degeorge s'est demandé quelle était la nature du pouvoir royal sous un gouvernement constitutionnel. Les théoriciens disent que c'est un pouvoir neutre : que le roi est un juge entre les divers partis. Or, dit Degeorge, en fait, cela est faux; car aucun roi ne consentira à ce rôle d'inutilité. Mais s'il est vrai qu'au lieu d'être juge impartial, qu'au lieu de régner, tout roi voudra en réalité gouverner, la conséquence est qu'il doit être responsable. Donc, etc... En vérité, dit Me Ledru, j'ai peine à comprendre que cette doctrine ait jeté l'alarme au parquet. Elle est si simple, si vraie que l'article incriminé ne pêche que par son extrême modération, et je le prouve.

D'abord l'auteur établit que tout roi, au lieu de régner comme le veut la théorie du gouvernement dit constitutionnel, voudra gouverner. M. l'avocat du roi n'a pas dit ce qu'il pensait de cette allégation, et je suppose qu'il eût été fort embarrassé de le dire. Je parlerai donc pour lui.

Eh bien! oui; tout roi voudra gouverner, et cela est si vrai que, depuis juillet un seul homme a mené les affaires de la France. Cet homme, c'est le roi lui-même.

Cette action de la personne royale s'est dissimulée d'abord : elle fut révélée dès la fin de 1830, grâce à la naïveté de M. Madier-Monjau. Cet honorable soutien du trône se laissa un jour emporter par son ardeur monarchique, au point d'avouer à la tribune qu'il n'y avait pas moyen pour les ministres de vaincre l'entêtement de Louis-Philippe. Il donnait, en sa qualité de courtisan, un autre nom à la chose ; mais il la confessait très ingénuement.

« Honorable auteur de la proposition, disait-il, si vous saisissiez la
» foudre des destitutions, gardez-vous de croire que vous seriez libre de
» la lancer. Vous *subiriez aussi tout l'empire de cette haute raison, de ce*
» *noble cœur* QUI A PRONONCÉ LE SERMENT d'être le roi des Fran-
» çais. »

Le témoignage de M. Madier-Montjau n'est pas isolé. *Le Moniteur* nous a appris qu'en réponse à l'une des harangues que Louis-Philippe essuie dans ses tournées départementales, S. M. avait répondu, au milieu de beaucoup d'autres choses, au maire de Fontainebleau : « J'ai
» reconnu dans mon voyage qu'on appréciait la manière dont *j'avais*
» *envisagé le véritable intérêt* de la France. »

Vient ensuite M. Thiers, ministre, avouant, le 20 février 1833, du haut de la tribune : « Qu'il était enchanté que le gouvernement eût suivi
» une autre politique que celle de l'opposition : c'est là qu'a été toute
» la sagesse. Elle a été celle de ses ministres ; *elle a été celle du roi.....*
» Cette inspiration, le ministère l'a trouvée en lui, *dans sa volonté*,
» *dans son auguste courage.* »

La pensée immuable vient encore de se proclamer elle-même, il y a quelques jours, d'une manière bien plus nette, si c'est possible. Le roi a publié un livre la semaine dernière. (Mouvement prononcé d'attention.) Car, poursuit Me Ledru, Louis-Philippe n'est pas seulement un grand capitaine, un profond politique, c'est encore un écrivain assez distingué. (On rit.) A ses momens perdus, S. M. compose. (Rire général.) Les *Deux années de règne* sont une œuvre de cette royale intelligence, une production, un fruit qui se cache sous le nom allégorique de M. Pépin.

Louis-Philippe rend compte, dans cet ouvrage, de sa conversation avec MM. Arago, Laffitte et Odilon-Barrot.

LE ROI. — « Ce système (du 13 mars) est celui qui *m'a paru* le mieux
» convenir aux intérêts actuels de la France. A ce titre *j'ai dû le soute-*
» *nir et je le soutiendrai toujours*, en dépit des attaques dirigées contre
» moi. »

Le roi gouverne donc : c'est chose reconnue. Quelle est la conséquence ?

Le roi ne peut mal faire, disent les doctrinaires. Cela est fort vrai : il y a quinze ans qu'on nous répète cet axiome sur tous les tons, et les gens qui l'ont imprimé mille fois n'en ont pas moins envoyé Charles X à Holy-Rood.

Mais que signifie ce principe que *le roi ne peut mal faire?* Il veut dire tout simplement que celui qui ne fait rien ne peut rien faire de mal. C'est le corollaire de l'axiôme : le roi est juge ; il est neutre. Mais s'il sort de sa neutralité, s'il se fait chef d'un parti, s'il déclare qu'il le soutiendra toujours, évidemment sa position change.

La moralité la plus vulgaire se refuse à reprocher à un homme des actions dont il n'est pas l'auteur.

Prenons un exemple : la dépêche du général Maison est soustraite à M. Laffitte. La responsabilité de cette fraude, que M. Laffitte ignore, retombera-t-elle sur le président nominal du conseil ? — Personne ne le soutiendra. Cependant c'est là un fait grave : il faut quelqu'un qui en réponde.

Il y a quelques jours encore, le roi soutenait dans ses voyages que la charte n'avait pas été violée depuis juillet. — Voilà certes un mensonge, tout mensonge suppose un menteur. Or, d'après la théorie doctrinaire, le menteur c'est M. Soult, président du conseil, qui, à ce moment-là, prenait, je crois, les eaux au Mont-d'Or. (On rit). Y a-t-il un homme de bon sens et de bonne foi qui voulût demander compte à M. Soult d'un fait qui s'est passé à deux cents lieues de lui ?

A chacun la responsabilité de ses actes : voilà la loi morale, la loi éternelle contre laquelle les commentaires du juste-milieu ne prévaudront pas.

Cela est si vrai, dit Me Ledru, que depuis le temps où la pensée immuable s'est avouée dans le *Moniteur*, on permet à la presse de s'adresser directement au roi. D'un autre côté, les amis de la dynastie font fumer l'encens sur ses autels. Tous les éloges s'adressent au trône. N'est-ce pas au roi personnellement que les journaux de l'autorité ont fait hommage de la grande victoire qu'elle a remportée en juin sur les révoltés de Saint-Mery ?

Pour prouver que le parquet lui-même reconnaît le principe de la responsabilité royale, Me Ledru cite divers articles qui n'ont pas été poursuivis par M. Persil. En voici un qui certes contient une terrible accusation contre Louis-Philippe. Je cite textuellement *le National*.

« Dans les derniers mois de l'an 1830, M. Treilhard, alors préfet de » police, reçut la visite d'un grand personnage qui, d'un ton moitié sé- » vère et moitié aimable, lui dit ces propres mots : M. Treilhard, vous » ne savez donc pas qu'il existe une conspiration républicaine ? — Je » n'ai rien appris de semblable, répond le magistrat. Il y a bien quel- » que vivacité dans les propos de nos jeunes gens, mais ils n'ont pas de » mauvais desseins. — Je me trompe, c'est une conspiration carliste. » Pas davantage : les carlistes sont tout-à-fait désespérés et se résignent. » — Alors c'est une affaire bonapartiste. — On vous a trompé, très » excellent, etc. (On rit.) Les parties ne se rallient point au gouverne- » ment; mais ils se gardent de l'attaquer; ils savent qu'il n'y a rien à » espérer d'une surprise. — Encore une fois, M. Treilhard, je vous dis » qu'il y a une conspiration; vous ne m'entendez donc pas ? (On rit.) — » Oui, je crois comprendre enfin, dit l'honnête homme, et le lendemain » il n'était plus préfet de police : il avait donné sa démission.

» Nul doute que le nouveau directeur-général de la police ne soit » beaucoup plus habile que M. Treilhard, et que toutes les fois qu'on lui » dira : avons-nous une conspiration pour demain ? il ne soit toujours » prêt à répondre : nous en avons deux, nous en avons trois, nous en » avons dix, nous en avons tant qu'il vous plaira (rire général); dites » seulement où vous voulez qu'elles éclatent, à Lyon, à Grenoble, à Aix, » à Paris, à Rouen, peu importe, nous sommes en mesure sur tous les » points. »

M⁰ Ledru cite divers autres passages de la *Tribune* et du *National* qui n'ont pas été poursuivis.

« Tout cela, disait *le National*, oblige la royauté du 7 août à être
» beaucoup *plus artificieuse* et au besoin bien plus hardie contre le pays
» que ne l'ont été la contre-révolution légitimiste et la contre-révolution
» impériale. »

— « Vous verrez toujours le 13 mars en honneur ; *les déceptions di-
» plomatiques suivant leurs cours, le roi conservant ses secrets et gou-
» vernant sans contrôle.* »

« On a dit que M. Périer avait été complètement dupé par le grand
» personnage qu'il avait cru réduire à régner sans gouverner ; que dans
» les momens lucides de sa maladie, il s'était livré à toute sa colère con-
» tre la tromperie infâme qui lui avait dérobé certaines correspondances
» extérieures... Le système du 13 mars n'a été sous Casimir Périer,
» comme sous les hommes du 11 octobre, que la pensée et la direction
» personnelle du roi, pensée *hypocritement déguisée*, secrètement agis-
» sante sous Casimir Périer, *audacieusement avouée depuis...* etc. »

— « Les hommes du 7 août sont parfaitement conséquens. Ils veu-
» lent *de l'or* et *du pouvoir*. Là où les révolutions sont assez fortes et as
» sez sottes pour leur en donner, ils sont pour les révolutions. Mais là-
» où les révolutions leur demandent secours et argent, ils sont contre
» les révolutions. Les hommes du 7 août jouent jeu double. Ils sont bien
» décidés... et à se déclarer contre ce principe, à lui survivre, à se sau-
» ver du naufrage, riches, honorés et repus si l'intérêt absolutiste a le
» dessus. — C'est là ce que » Louis-Philippe appelle *son immuable sys-
» tème.* »

Vous voyez donc, dit M⁰ Ledru, que de l'aveu de M. Persil lui-même,
autorité puissante sur la matière, il est permis d'attaquer le roi, depuis
qu'il est reconnu que Louis-Philippe gouverne de sa personne.

Qu'oppose-t-on à une théorie si vraie ? M. l'avocat du roi a répondu à
tout cela en nous rappelant, comme si nous l'avions oublié, qu'il y a un
article dans la charte d'après lequel la personne du roi est inviolable et
sacrée.

Malheureusement l'orateur de l'accusation n'a pas compris cet article.
Nous essaierons de rectifier ses idées.

La personne du roi est *sacrée*. Je serais bien aise de savoir ce que le
ministère public entend par là. *Sacrée* signifierait-il que l'huile sainte
coulera sur le front de Louis-Philippe ? Je ne nie pas la bonne envie.
Mais en tout cas, il faudrait, si c'est là le sens du mot, y ajouter qu'elle
est *sacrée... si elle peut.* (On rit.)

Sacrée ne veut donc rien exprimer, si ce n'est une espérance probablement *chimérique* (on rit), à moins que ce ne soit un équivalant de ces
épithètes, *très haut, très puissant, très excellent,* épithètes bien inno-
centes, qui ne font de mal à personne et dont j'approuve qu'on se passe
la fantaisie quand on y tient. (On rit.)

Inviolable : ici c'est autre chose. Ce mot a un sens, malgré son voisi-
nage. Mais entre le sens réel et l'interprétation du ministère public, il y
a un abîme.

Voici sur l'inviolabilité la théorie de M. Thiers, qui, du *National,*
tomba au pouvoir.

« La charte de 1830, comme celle de 1814, dit : la personne du roi
est inviolable et sacrée.

» La même charte dit : Les pairs et les députés ne pourront être recherchés pour leurs opinions émises à la tribune législative.

» La même charte enfin consacre, bien qu'incomplètement, l'inamovibilité de la magistrature.

» Rapprochons ces trois conditions. Il en résulte que le pouvoir exécutif ou la royauté est placée en dehors des atteintes du pouvoir législatif et du pouvoir judiciaire, que le pouvoir législatif ne peut être recherché à raison de ses votes et de ses opinions, ni par le pouvoir exécutif, ni par le pouvoir judiciaire ; qu'enfin le pouvoir judiciaire n'a aucun compte à rendre de ses actes, ni au pouvoir législatif ni au pouvoir exécutif.

» Toutes nos constitutions, depuis 1789 (et nous ne parlons bien entendu ni de celle de 93, reconnue inexécutable par ses auteurs, ni de la constitution consulaire de l'an VIII, qui prépara l'usurpation impériale), toutes nos constitutions, disons-nous, ont établi en principe la séparation de trois pouvoirs, législatif, exécutif, judiciaire.

« Mais ce n'est pas assez que ces trois pouvoirs principaux, qui sont la base de tout ordre dans une société civilisée, soient indépendans l'un de l'autre : il faut que cette indépendance soit garantie par les institutions, et c'est pour cela que l'on a établi que chacun de ces trois pouvoirs serait *inviolable* à l'égard des deux autres.

» Il n'y a donc pas d'inviolabilité privilégiée dans notre constitution en faveur du pouvoir royal : les trois pouvoirs sont réciproquement *inviolables* à l'égard les uns des autres.

» C'est-à-dire que la royauté, à l'occasion de ses actes politiques, ne peut pas être mise en jugement par les deux assemblées législatives, ni jugée par un tribunal ordinaire, si élevé que soit ce tribunal.

» De la même manière les majorités ou les minorités des deux assemblées législatives ne peuvent être exposées à aucune mesure de contrainte de la part du pouvoir exécutif à raison de leurs votes et actes législatifs, et il n'existe dans le pays aucune juridiction qui soit au-dessus d'elles.

« De la même manière enfin, une cour de justice, un tribunal secondaire u supérieur, ne peuvent être censurés, ni poursuivis par l'un ou l'autre des pouvoirs exécutif et législatif à raison d'une sentence, d'un jugement, d'un verdict, qui contrarierait la politique du gouvernement ou des assemblées.

» Voilà quels sont les principes de la constitution sur *l'inviolabilité* des pouvoirs à l'égard les uns des autres. Pour que chacun de ces pouvoirs puisse agir dans sa sphère, il faut qu'il soit soustrait à toute contrainte matérielle qui puisse être exercée sur lui par les deux autres.

» Il ne résulte pas de là que ces trois pouvoirs n'aient aucun moyen d'action constitutionnelle l'un contre l'autre. Ainsi le pouvoir exécutif peut essayer de changer par une fournée la majorité de la chambre des pairs ; il peut, au moyen de la dissolution, tenter la même entreprise à l'égard de la chambre des députés. De leur côté, les deux chambres peuvent arrêter le pouvoir exécutif dans une mauvaise voie en lui refusant leur majorité et les subsides qui dépendent de leur vote. La magistrature ou enfin le pouvoir judiciaire peut avertir le pouvoir exécutif qu'il se trompe, et lui donner des arrêts de condamnation pour des arrêts d'acquittement qu'il réclame. Le pouvoir judiciaire peut même exercer sur les actes du pouvoir législatif une sorte de censure morale en condamnant à la désuétude les mauvaises lois, les lois violentes et sanguinaires, comme cela s'est vu sous la restauration à propos de la loi du sacrilége.

» L'inviolabilité constitutionnelle est donc le partage des trois pouvoirs. Nul d'entre eux ne peut opposer aux deux autres, agissant dans la sphère de leurs droits constitutionnels, ni contraintes, ni résistances matérielles.

» Mais dans les constitutions de souveraineté nationale comme celle de 1830, la nation reste un juge souverain, placé au-dessus des trois pouvoirs, et pouvant les arrêter et les punir s'il se livraient à l'usurpation des prérogatives qui leur sont refusées par le pacte constitutionnel.

» Ainsi il pourrait arriver que la royauté rencontrât deux majorités législatives disposées à usurper avec elle les garanties que la nation s'est réservées; il pourrait arriver aussi qu'une magistrature corrompue, favorisant l'usurpation des deux autres pouvoirs, se prêtât à rendre des condamnations contre ceux qui résisteraient individuellement à cette usurpation.

» Dans ce cas là, la nation aurait le droit et le devoir de s'insurger, et si elle triomphait, comme cela n'est pas douteux, des trois pouvoirs usurpateurs, elle pourrait, malgré l'inviolabilité constitutionnelle qui leur était garantie tant qu'ils observaient la constitution, exercer des poursuites contre les agens du pouvoir exécutif, à commencer par l'agent royal et héréditaire; contre les membres des deux assemblées qui auraient forfait à leur mandat; enfin contre les juges prévaricateurs. C'est ce qui s'est vu en Angleterre en 1640, lorsque la nation se souleva contre Charles Ier. Non seulement Charles Ier, mais tout ce qui avait contribué avec lui à dépouiller le pays de ses droits, à emprisonner, juger et tuer illégalement les citoyens, fut impitoyablement et justement poursuivi par la nation, rentrée dans la plénitude de son droit et représentée par le long parlement.

» La conclusion, c'est que : Les pouvoirs constitutionnels sont inviolables l'un à l'égard de l'autre, mais en cas d'infraction de la constitution, tous relèvent sans exception de la justice nationale, c'est-à-dire de la justice d'un peuple victorieux, et cette justice n'a d'autre règle que la loi ordinaire de la guerre. Le vainqueur se perd en abusant de la force que lui a donné la victoire; mais libre à lui d'user de la sévérité suivant les lois, de la prudence et de l'équité naturelles. Il n'a plus de compte à rendre qu'à Dieu. »

Telle est la théorie indiquée plutôt qu'exposée dans l'article du *Propagateur*. La trouvez-vous bien effrayante? cela sent-il la guillotine? (On rit.) Non, non, Messieurs, c'est du bon sens, de la logique et voilà tout; votre verdict le prouvera à Messieurs les gens du roi, pour les guérir une bonne fois de la manie des procès de presse.

Me Ledru, arrivant à la discussion du troisième article qui a pour titre : LE GOU-VERNEMENT ACTUEL A-T-IL DE LA DURÉE? s'exprime ainsi:

La question soulevée par cet article est celle-ci : « Le gouvernement est-il fidèle à son origine, à la loi de son institution? » Déjà vous pouvez en être vous-mêmes les juges; car quoique je vous aie exposé bien peu de ses actes, j'en ai dit assez pour vous donner une idée du reste. A l'intérieur les assommeurs, les espions émeutiers, les visites domiciliaires, l'état de siége, les improstitués, les écrivains livrés aux conseils de guerre, la clé d'or, la loi des suspects, Sant-Michel. A l'extérieur, l'Italie, la Pologne, malgré tant de promesses, appuyées du don de cent mille francs que mon confrère Dupont a eu le rare privilége de voir sortir de la cassette! (On rit.)

Cela peut-il durer? vous le croyez : j'admire votre bonne foi, et je vous en félicite, car elle n'est pas commune aujourd'hui. (On rit.) Il y a bien des gens qui se souviennent encore de l'exemple de juillet : ces gens là s'imaginent que les mêmes causes produisent, un peu plus tôt, un peu plus tard, des effets analogues, et qui ont la même persuasion qu'on ne les conjure pas plus avec l'article sur l'inviolabilité qu'avec les quatorze bastilles qui vont dominer la capitale.

Si j'avais à développer une théorie politique, poursuit Me Ledru, je ferais voir pourquoi le gouvernement du 9 août est poussé invinciblement aux extrémités qui seront sa ruine : je me contenterai d'en dire deux mots.

La monarchie constitutionnelle sous laquelle nous avons le bonheur d'avoir des procès (on rit), est une invention toute doctrinaire, qui vit, ainsi que je l'ai prouvé, sur la fiction mensongère que le roi ne fait rien et que les chambres font tout.

Ce qui fait que cette machine constitutionnelle ne peut pas fonctionner, c'est qu'elle est tiraillée en sens contraire par deux principes inconciliables.

L'un est le principe d'élection. La conséquence de l'élection, c'est que la France se gouverne elle-même dans la municipalité, dans le département, dans la représentation nationale.

Si l'élection est sincère, ne fût-ce qu'à la chambre des députés, qu'arrive-t-il? que le pouvoir royal est parfaitement annulé. Car la chambre, *qui tient les cordons de la bourse*, selon une expression hardie, nomme *réellement* le ministère, et le ministère nomme aux autres fonctions.

Mais quand on est roi, même roi-citoyen, on a la prétention de ne pas être un meuble inutile, d'autant plus qu'on a une famille, et que si la royauté ne devait pas jouer un rôle plus actif, il pourrait venir à l'idée du pays de la mettre à la retraite. (On rit.) Ce serait tout économie. (On rit de nouveau.)

Le principe d'élection fera donc mauvais ménage avec le principe monarchique ou dynastique. Mais quand la dispute a duré assez longtemps, des paroles on en vient aux actes. Une fois les voies de fait commencées, l'incompatibilité d'humeur dégénère en hostilité avouée et permanente : il n'y a plus de ressource que dans le divorce. (On rit.) Or, consultez l'histoire, et vous verrez que dans ces procès entre les nations et les rois, les nations, en définitive, gagnent toujours leur cause. (On rit.) Pour comprendre combien le principe dynastique est inconciliable avec le principe populaire, comparez un instant ce que produit à l'extérieur le principe dynastique et ce que produirait le principe populaire.

Prenons par exemple la question belge. L'intérêt national de la France nous ordonnait, non pas de faire des conquêtes pour nous agrandir du côté de la Belgique, mais d'accepter une nation qui s'offrait à nous. La limite du Rhin, voilà le cri de la France.

C'est fort bien : mais un roi ne peut pas se brouiller avec les autres rois ses cousins, pour le plaisir de faire alliance avec les peuples et de garder ses filles. Car un roi, si Dieu le bénit, a des enfans : il peut même en avoir beaucoup. A tout ce monde là, il faut des époux si ce sont des filles, des épouses si ce sont des garçons; aux deux sexes des dots. Et voici pourquoi nous avons donné la Belgique à Léopold. C'était une fille placée. (On rit.)

En Grèce, c'est bien plus. L'intérêt de la France était qu'une république s'y établit. Cette nation dont les possessions touchent à celle de la Russie, l'ennemie nécessaire du principe de juillet, devenait notre alliée naturelle, du jour où elle aurait proclamé la souveraineté populaire. Mais quand on nie le programme de l'Hôtel-de-Ville, ce n'est pas pour aider au triomphe des idées républicaines : et d'ailleurs il n'y a jamais trop de célibataires sur les trônes pour ceux qui ont à marier de très hautes, très excellentes personnes. En conséquence, nous avons avancé vingt-millions de bon argent français pour aider à l'érection d'Othon, petit prince idiot et bossu, appelé à régner sur les enfans de Léonidas. (Rire général.)

Reste à savoir si nous aurons l'honneur de lui fournir une épouse.

Pour en revenir à l'article incriminé : que résulte-t-il de tout cela? que si la durée d'un régime est en proportion de ce que ce régime donne à la France de gloire et de liberté, nous sommes bien malades.... peut-être désespérés. C'est là l'avis des médecins officiels, eux-mêmes. En effet, si nous en croyons les journaux ministériels, la monarchie de Louis-Philippe court déjà de terribles chances après trois ans d'existence Il n'y a pas plus de quinze jours que l'organe le plus accrédité du parti doctrinaire répétait à peu près la douloureuse prophétie qu'il fit entendre à Charles X quand il disait, à l'apparition du ministère Polignac : « Malheureuse France ! malheureux roi ! »

Si les élections sont retardées d'une année, tout est remis en question, au dire des *Débats*, tout, le salut de la royauté elle-même. Heureusement pour les spirituels publicistes que le budget ne meurt pas. (On rit.)

Au reste, Messieurs, les *Débats* ne l'auraient pas annoncé que ce qu'ils disent n'en serait pas moins inévitable. On peut tromper le pays pendant quelques années , on ne le trompe pas éternellement. La France devra donc opter entre le gouvernement représentatif ou le gouvernement monarchique : voilà ce que dit l'article : il dit une chose qui , au lieu d'être hardie , n'est que triviale pour tout esprit de quelque portée. Carlistes et républicains comprennent cela. Je n'oserais dire où en sont les esprits du juste-milieu. (On rit.)

Me Charles Ledru annonce que désormais il n'a plus à s'occuper que de deux articles sans importance; le premier est incriminé comme excitant au mépris de la magistrature. Me Ledru analyse cet article, qui n'est lui-même qu'une analyse d'un morceau fort remarquable, publié par Achille Roche dans la *Revue Encyclopédique*.

On lit dans cet article : « Que des lois souvent iniques sont plus iniquement exécutées; que la plupart des magistrats adoptent pour maxime que le pouvoir ne peut jamais avoir tort; que les particuliers ne peuvent obtenir justice contre les agens du pouvoir.

Voilà bien vraiment de quoi se scandaliser? Quant à la critique des lois et de leur sévérité , la condamner, ce serait faire le procès à Beccaria, Filangieri, Montesquieu, Voltaire, à tous les philosophes. Je ne m'arrête pas à les défendre : ils n'ont pas besoin d'avocat.

Mais la magistrature ! ! et ici, M. l'avocat du roi nous a débité des tirades magnifiques sur le sacerdoce qu'elle exerce dans l'intérêt de tous avec une si noble indépendance , etc. , etc. Phrases ! phrases que tout cela, M. l'avocat du roi. Voyons les faits, tout en respectant les personnes, car l'article ne prend point à partie les individus. Le moraliste fait un portrait, c'est à qui le trouve ressemblant à s'y reconnaître.

En fait, est-il vrai qu'on ne peut jamais avoir raison d'une iniquité du pouvoir? — Vous en doutez? quelle innocence! Dites-moi donc le moyen d'obtenir réparation de ces arrestations arbitraires qui ne se comptent plus, tant elles sont nombreuses; de ces méfaits qui chaque jour retentissent d'un bout de la France à l'autre? On-les dénonce à l'opinion; la presse payée les nie effrontément. On les dénonce à la justice; la justice répond que cela ne la regarde pas. Et, par exemple, Degeorge et quinze de ses amis, au nombre desquels se trouvait un honorable député de ce département, sont dénoncés calomnieusement. Ils poursuivent les calomniateurs. Les juges leur répondent que, comme un des coupables est préfet, il faut commencer par obtenir, en vertu de l'art. 75 de la constitution de l'an VIII, l'autorisation du conseil-d'état. C'est fort bien; mais au bout de deux ans, après des frais considérables, le conseil-d'état refusera l'autorisation.... (On rit.) Belle justice!

Encore si l'impunité n'était accordée qu'aux préfets.... Mais allez donc vous plaindre des violences du moindre agent.... la constitution de l'an VIII est là. Heureuse constitution! qui survit à la chute de toutes les dynasties et de toutes les autres constitutions; qui leur survit en raison même de cette monstrueuse procédure de l'art. 75, legs précieux de tout gouvernement défunt à ses successeurs.

Autre crime. Dans cet article sur la magistrature, on rapporte le mot d'un magistrat qui aurait dit qu'il servait le gouvernement de Louis-Philippe de même qu'il servirait la république, si un jour elle était proclamée.

J'aime à voir, Messieurs, cette noble attitude de M. le substitut du procureur du roi. « Comment! M. Degeorge, vous supposez que tout » magistrat ne s'ensevelirait pas sous les ruines du trône! Ne savez-vous » pas que leur devoir est de rester fidèles à leur serment, quoiqu'il ar- » rive? » Cela est fort éloquent et surtout infiniment pastoral; mais, en bonne conscience, nous avons vu des choses qui permettent de croire qu'on en rabat tant soit peu dans la pratique. (Rire général. — Tous les regards se portent sur M. Sénéca.)

Eh bien! pour moi, poursuit l'orateur, j'ai connu des magistrats qui, après avoir servi de leur mieux la branche aînée, se sont ratta-tachés, sans faire la plus petite façon, à la branche cadette (on rit); et qui bien certainement ne feront pas les difficiles avec la république. Le passé est le gage de l'avenir. Est-ce que ces magistrats sont des hommes sans honneur? Nullement: ce sont des gens qui marchent avec leur siècle. Leur éloquence était en 1829 au service de Charles X: ils auraient dans ce temps-là poursuivi très volontiers *le Propagateur*: ils s'y emploieraient aujourd'hui avec le même zèle (on rit), s'évertuant contre la république, les anarchistes, la loi agraire. La rhétorique est la même sous tous les régimes. Ici bas tout change, il n'y a sous le soleil que le lieu commun qui ne change pas, quand au fond des idées.

Je n'approuve pas tout-à-fait l'article en ce sens que, selon moi, il ne tient pas assez compte de la faiblesse humaine à laquelle nous sommes sujets tous tant que nous sommes: mais s'il est blâmable, accusez-le de trop de pureté, de trop d'élévation dans les principes. Magistrats, dites que c'est là du platonicisme, du stoïcisme; que le rédacteur vaut mieux que le commun des hommes, mais c'est là un délit qui n'est pas dangereux, je vous en réponds.

Pour prouver que l'on peut se livrer à la critique d'un corps sans commettre de délit, M⁰ Ledru cite un passage tiré d'un auteur qui, dit-il, est dans toutes les mains, que tous les procureurs-généraux ont lu, ainsi que leurs femmes : car c'est un livre où il y a beaucoup d'émotions à puiser. Personne n'a jamais songé à le poursuivre.

Voici, selon Victor Hugo, ce que c'est qu'un substitut. Je recommande le texte à l'attention du jury :

« Que les gens du roi ne viennent donc plus nous demander des têtes.
» à nous jurés, à nous hommes, en nous adjurant d'une voix caressante,
» au nom de la société à protéger, de la vindicte publique à assurer,
» des exemples à faire. Rhétorique ampoulée et néant que tout cela !
» un coup d'épingle dans ces hyperboles, et vous les désenflez. Au fond
» de ce doucereux verbiage, vous ne trouverez que dureté de cœur,
» cruauté ; barbarie, envie de prouver son zèle, nécessité de gagner
» ses honoraires. (On rit.) Taisez-vous, mandarins ! (On rit plus fort.)
» Sous la patte de velours on sent les ongles du bourreau.

» Il est difficile de songer de sang-froid à ce que c'est qu'un procu-
» reur-royal criminel. C'est un homme qui gagne sa vie à envoyer les
» autres à l'échafaud. C'est le pourvoyeur titulaire des place de Grève.
» Du reste, c'est un monsieur qui a des prétentions au style et aux let-
» tres, qui est beau parleur (ou croit l'être), qui récite au besoin un vers
» latin ou deux avant de conclure à la mort, qui cherche à faire de l'ef-
» fet, qui intéresse son amour-propre, ô misère ! là où d'autres ont leur
» vie engagée ; qui a ses modèles à lui, ses types désespérans à atteindre,
» ses classiques, son Bellart, son Marchangy, comme tel poète à Racine,
» et tel autre Boileau. — Dans le débat, il tire du côté de la guillotine ;
» c'est son rôle, c'est son état. Son réquisitoire, c'est son œuvre litté-
» raire, il le fleurit de métaphores, il le parfume de citations (M⁰ Ledru,
» élevant la voix en se tournant du côté de la tribune des dames, conti-
» nue), il faut que cela soit beau à l'audience, que cela plaise aux da-
» mes. » (Rire général.)

Il y a bien dans le même ouvrage un petit mot sur les avocats. Mais comme je ne suis pas tenu de m'exécuter moi-même, vous me permettrez de n'en rien dire. (Rire général.)

Ceci est du romantique, dira-t-on. Mais la *Revue de Paris*, qui a la prétention d'être classique, a donné, il y a quelques jours, sous forme de proverbe, le type du substitut de province, qui est bien une des créations les plus comiques de l'époque.

Ce substitut est un petit jeune homme, assez sec, au physique comme au moral, qui ne rêve que poursuites contre la presse. (On rit.) L'occasion de déployer son zèle arrive enfin. L'accusé est son ami d'enfance, journaliste comme Degeorge, et qui a aussi le tort de croire que les gens qui voulaient la liberté sous la restauration doivent y tenir sous la monarchie citoyenne... Le substitut s'apprête à envoyer en prison ce mauvais sujet, auquel du reste il rend complètement justice. Car, à la politique près, c'est le plus honnête et le meilleur des hommes. Mais le préfet veut une condamnation... ils en veulent tous, ces bons préfets. (On rit.) Le substitut jure donc que le gouvernement sera content de lui. Sa famille l'implore en vain... Dans l'intérêt du gouvernement, il se brouille avec sa sœur, sa mère, sa *future*... Car, messieurs, il a une future, M. le substitut. (Rire général — *Tous les regards se tournent vers la tribune des dames.*) La morale de la pièce est, si j'ai bonne mémoire, que l'ambition fait manquer au jeune substitut doctrinaire un très bon mariage. Rien assurément ne peut faire tant de tort aux jeunes gens du parquet qui sont célibataires. (On rit encore.) Cependant, malgré le danger d'une pareille publication, M. le procureur du roi n'a pas cru devoir faire saisir le numéro de la *Revue de Paris*.

Me Ledru passant au dernier article qui a pour titre : ils veulent de l'enthousiasme et n'obtiennent que de la froideur, s'exprime ainsi :

M. l'avocat du roi nous fait un crime de n'avoir pas été frappé comme lui de l'enthousiasme qui règne aujourd'hui d'un bout de la France à l'autre. Aveugles que nous sommes : nous ne nous en doutions pas, en vérité ! A ce titre, notre bonne foi devrait au moins nous servir d'excuse.

M. l'avocat du roi, lui-même, serait peut-être bien embarrassé si nous exigions, selon notre droit, qu'il commençât par établir en fait que cet enthousiasme existe. Car c'est lui qui accuse : c'est à lui qu'incombe la preuve.

Je le demande, comment la ferait-il cette preuve ? *Le Moniteur* lui-même est glacial. C'est à peine si de temps à autre il ose glisser dans sa partie officielle un petit enthousiasme départemental, à côté d'un bienfait de Sa Majesté. Les hommes d'état du charivari, eux-mêmes, se sont rembrunis comme l'horizon politique du *Constitutionnel*. (On rit.)

Voici un de leurs derniers bulletins. On dirait le procès verbal d'une cérémonie funèbre.

« Résumé statistique pour servir de clôture et de table des matières » aux bulletins de l'enthousiasme national. » Ceci est le titre.

Le bulletin, le voici :

« Il en résulte que l'amour unanime est à peu près dans la proportion » de un sur cent parmi les populations. Mais, en revanche, il a pour lui » la presque totalité des feux d'artifice et des mâts de cocagne. » (On rit.)

Et cependant, Messieurs, jamais l'autorité n'avait fait autant d'efforts pour exciter la joie publique. *Le Charivari* nous donne encore le texte d'une ordonnance promulguée par le préfet de police à cet effet. C'est un morceau historique ; en voici quelques passages :

« Nous, préfet de police, etc.

» Considérant que le peuple est gonflé d'enthousiasme, avons arrêté : Art. 1er « Le jour de la saint Philippe commencera la veille au soir. » (On rit.) Dès la tombée de la nuit, la population tout entière éprouvera » un léger enthousiasme...

Art. 2 » A huit heures précises de la matinée, il y aura un attendris- » sement général, qui durera jusqu'à neuf, à la pensée touchante que » c'est la fête de notre adoré monarque. » (Nouvelle hilarité.)

Parlons un langage plus grave, Messieurs. Est-ce sérieusement qu'on intente des procès de *froideur* ? En vérité il n'y a de réponse à cela que dans le carillon du *Charivari*, et j'y renvoie le ministère public, pour que la défense soit à la hauteur de l'accusation.

Après une rapide analyse de toute sa plaidoirie, Me Ledru termine en ces termes :

Nous vous devions une défense loyale, nous vous avons parlé en hommes de conscience. Vous savez qui nous sommes ; ce que sont nos accusaleurs, vous le savez aussi. C'est à vous de prononcer entre eux et nous.

Si vous approuvez l'extermination de la Pologne et de l'Italie, l'état de siége, les violations de la loi, les brutalités de la police et ses crimes, condamnez Degeorge, car il a juré à tout cela guerre éternelle, et il est homme de parole!

Mais non, non, mon brave ami, tu ne porteras pas la chaîne à laquelle fut attaché Magallon. Tu n'iras point par toute la France, côte à côte avec un forçat, retrouver à Clairveaux ce jeune Granier, si beau d'infortune et de patriotisme. Ce sont leurs vœux à ces hommes d'ordre et de paix! mais le jury qui m'entend est formé de tes concitoyens. Il sait tout ce qu'il y a de pureté au fond de ton âme: c'est là ta meilleure défense. Elle vaut bien mieux que toutes nos paroles, car un avocat n'a rien à craindre pour son client quand il peut dire à l'accusateur: « Combattez ses opinions, c'est votre droit: mais votre estime, vous ne la lui refuserez pas, je vous le défends! »

Une vive approbation succède à ce discours, qui, pendant trois heures, a été continuellement écouté, au milieu des marques de la sympathie de tout l'auditoire.

L'audience est suspendue. Mᵉ Ledru reçoit les félicitations de tous ceux qui l'ont entendu.

A la reprise de l'audience, le ministère public ne réplique pas. Mᵉ Dupont, second conseil de M. Degeorge, croit dès lors inutile de prendre la parole.

M. le président fait un résumé court et impartial, et soumet au jury les quatre questions sur lesquelles il aura à prononcer.

Après une délibération qui n'a duré que *dix minutes*, le jury rentre à l'audience. Sa déclaration est NÉGATIVE SUR TOUTES LES QUESTIONS. Des applaudissemens se font entendre.

M. Sénéca se lève, le silence se rétablit. Il conclut à ce que la cour procède à l'interrogatoire de M. F. Degeorge, pour faire droit aux réquisitions de M. l'avocat du roi relativement au délit commis à l'audience par M. Frédéric Degeorge.

Une discussion s'engage ici sur les paroles prononcées par M. Degeorge. Celui-ci déclare ne pas reconnaître comme siennes celles que l'avocat du roi lui attribue. Il réclame la preuve testimoniale. Mᵉ Dupont demande communication de la phrase écrite par M. Sénéca, et la passe, en haussant les épaules, à Mᵉ Ledru, qui affirme, après l'avoir lue, que son client écrit *en meilleur français que cela*. (Rire dans tout l'auditoire.)

Pour faire enfin cesser l'embarras dans lequel se trouvent l'avocat du roi et toute la cour, relativement aux paroles qui ont été prononcées, M. Degeorge répète la phrase qui a été incriminée par M. Sénéca; celui-ci persiste à y voir une offense à la personne du roi.

M. Frédéric Degeorge. « Je repousse cette accusation; je sais avoir le
» courage de dire des vérités que je crois utiles à mon pays, mais je ne
» m'abaisse pas à l'offense; je destine à choses plus importantes, plus sé-
» rieuses, les idées que j'émets, les accusations que je porte; je n'ai pas
» eu et n'aurai jamais l'intention d'offenser qui que ce soit. »

Cette explication paraissant satisfaire M. le procureur du roi, il s'en rapporte à la justice de la cour, qui déclare n'y avoir lieu à statuer sur l'incident, et prononce ensuite l'acquittement de M. Degeorge, en conformité de la décision du jury.

De nombreux bravos accueillent l'arrêt de la cour. Les amis de M. Degeorge l'entourent de leurs félicitations et se pressent autour de Me Ledru pour le féliciter.

Le verdict du jury a été rendu à L'UNANIMITÉ

DEUXIÈME AFFAIRE.

Dans la seconde affaire, plaidée à la même audience du 24 août, les jurés sont :

MM. Izard-Cousin, colonel de la garde nationale de Béthune; Fardel, maire; Ferot-Hacot, propriétaire; Deremez, notaire; marquis d'Armolis, propriétaire; Deroussent-Duprey, propriétaire; Pronier, notaire; Sueur, officier de santé; Léger, cultivateur; Reboul de Veyrac, propriétaire; Corne, notaire, Tourtois, propriétaire.

Voici les principaux passages de l'article incriminé.

LA ROYAUTÉ HÉRÉDITAIRE CONDAMNÉE PAR LES FAITS.

On ne boit plus en France, à la santé du roi, et the god save the king ne fait plus trépigner d'aise nos voisins les Anglais.

C'est que, depuis trois ans, une révolution complète s'est opérée dans les idées. On a vu à l'œuvre les monarchies passées et présentes, et on a reconnu, qu'en nulle circonstance, la royauté héréditaire ne pouvait faire le bonheur d'un pays.

Pauvre république, elle avait grand besoin pour se laver de toutes les calomnies qu'on a jetées sur elle, pour se rehausser un peu dans l'esprit du vulgaire; pour prendre parmi les gouvernemens la place qui lui appartient, de voir, comme on l'a dit, défiler successivement devant ses yeux, les trois types invariables de toute monarchie passée et future : monarchie impériale avec sa lointaine gloire, et ses généraux anoblis, ses peuples décimés par la guerre, avilis par l'ignorance, délaissés par la liberté; — la monarchie légitime avec ses jésuites et ses missions, ses vieux restes des transfuges de Coblentz et de Gand, ses cours prévôtales et sa censure, ses bourreaux et son imbécillité; — *la monarchie citoyenne enfin, avec son misérable cortége de carbonaris vendus, de promesses violées, d'intentions liberticides, de haines contre tout ce qui n'est pas de l'or, ou l'égoïsme ou la peur.*

Certes, au souvenir du despotisme de l'empire, des excès de la restauration, des turpitudes de la royauté élue, on ne peut s'empêcher de se ranger sous l'étendard de la réforme, et de répudier une forme de gouvernement, que même Machiavel et Sully condamnent, et qui a pour représentans actuels en Europe des princes tels que le despote Nicolas, l'atroce Charles-Albert, le sanguinaire Ferdinand, le monstre don Miguel, le fourbe Guillaume d'Angleterre et l'avare,..... il n'est pas besoin de dire son nom.

Cette cause a été défendue par M⁰ Dupont avec sa verve et son talent ordinaire : c'est tout dire. Le jury a encore déclaré le prévenu non coupable A L'UNANIMITÉ.

Des applaudissemens nombreux ayant accueilli ce verdict, M. le président ordonne l'évacuation de la salle. L'auditoire restait immobile : M. Sénéca dit alors : — *Gendarmes, qu'on aille chercher le poste.* — M⁰ˢ Dupont et Ledru invitent aussitôt le public à se retirer en silence. L'auditoire quitte l'audience, et M. le président déclare l'acquittement.

Au dehors de la salle, MM. Degeorge, Dupont et Ledru sont encore environnés d'une foule considérable qui les félicite. Dans cette foule se trouvent un grand nombre de militaires du camp de Saint-Omer. Ces braves défenseurs de l'honneur national manifestent énergiquement leur sympathie pour les principes qu'ils ont entendu exprimer avec une si noble indépendance, et le bonheur que leur fait éprouver le triomphe de la loi et de la liberté.

Imprimerie de BACQUENOIS, rue Christine, n° 2.

www.ingramcontent.com/pod-product-compliance
Lightning Source LLC
Chambersburg PA
CBHW070916210326
41521CB00010B/2209